Hans Küng

Freud und die Zukunft der Religion

SERIE PIPER
Band 709

Zu diesem Buch

Zeitgenössische Theologie bezieht schon seit längerer Zeit die Religionskritik von Psychologie und Psychotherapie – deren bedeutendster Vertreter Sigmund Freud war – in ihr Denken ein, um den Abbau falscher und repressiver Gottesbilder zugunsten von befreienden und heilenden zu betreiben. Umgekehrt aber spielt die Religion – obwohl gerade sie sich mit den vielleicht ältesten und tiefsten Wünschen der Menschheit beschäftigt – im Bereich der Psychoanalyse kaum eine positive Rolle. Hans Küng hat sich mit Sigmund Freud und dessen Gottesbild in seinem Buch »Existiert Gott?« intensiv auseinandergesetzt. Für diese Darlegungen ist er mit dem renommierten »Oscar-Pfister-Preis« der American Psychiatric Association ausgezeichnet worden – Grund genug für Hans Küng, dieses Thema der Verdrängung der Religion im Bereich der Psychologie, Psychiatrie und Psychoanalyse in seinem Dankesvortrag erneut aufzugreifen. Der vorliegende Band vereint nun diese beiden Texte – »Gott – eine infantile Illusion?« aus »Existiert Gott?« sowie den Vortrag »Religion – das letzte Tabu?« –, die das notwendige Gespräch zwischen Theologie und Psychoanalyse weiter vertiefen wollen.

Hans Küng, geboren 1928 in Sursee (Schweiz). 1948 bis 1955 Studium der Philosophie und Theologie in Rom. 1955 Studium an der Sorbonne und am Institut Catholique in Paris. 1957 bis 1959 praktische Seelsorge in Luzern. 1960 Berufung an die Universität Tübingen als o. Professor für Fundamentaltheologie. Unter Papst Johannes XXIII. theologischer Konzilsberater. Seit 1963 Professor der dogmatischen und ökumenischen Theologie. Seit 1980 fakultätsunabhängig Professor für ökumenische Theologie und Direktor des Instituts für ökumenische Forschung. – Zahlreiche Veröffentlichungen. Im Piper Verlag sind u. a. erschienen: »Christ sein« (1974, ^{11}1983); »Existiert Gott?« (1978, ^{2}1984); »Ewiges Leben?« (1982); (mit Heinz Bechert, Josef van Ess, Heinrich von Stietencron:) »Christentum und Weltreligionen« (1984).

Hans Küng

FREUD UND DIE ZUKUNFT DER RELIGION

Piper
München · Zürich

Der Teil A dieses Buches (»Gott – eine infantile Illusion?«)
ist identisch mit dem Kapitel C III des Buches
»Existiert Gott?« (Piper, München 1978).

ISBN 3-492-10709-5
Originalausgabe
Juni 1987

Umschlag: Federico Luci,
unter Verwendung eines Porträts von Sigmund Freud
(Süddeutscher Verlag)
und einer Aufnahme der Skulptur »Moses« von Michelangelo
(Institut für Kunstgeschichte der Universität München)
Photo Umschlagrückseite: Rita Strothjohann
Gesamtherstellung: Clausen & Bosse, Leck
Printed in Germany

Der American Psychiatric Association
für die Verleihung des
Oscar-Pfister-Preises 1986
in Dankbarkeit

Inhaltsverzeichnis

B. RELIGION – DAS LETZTE TABU?
Über die Verdrängung der Religiosität in Psychologie, Psychiatrie und Psychotherapie

Vorwort

Wir stehen im Gespräch zwischen Psychiatrie, Psychotherapie und Psychoanalyse einerseits sowie Theologie und Religion andererseits vor einer ungleich komplexeren Gesprächslage als vor zehn Jahren. Da ist *zum einen* die gegenwärtige Explosion von Religiosität überall auf der Welt in allen möglichen Formen (mythisch, kultisch, mystisch; christlich, indisch, fernöstlich; progressiv, restaurativ), welche die These vom »Absterben der Religion« Lügen straft, aber von Psychologen und Theologen gleichermaßen mit gemischten Gefühlen betrachtet wird. Da haben *zum zweiten* Theologen begonnen, die Religionskritik der Psychoanalyse, die in Sigmund Freud ihren großen Exponenten gefunden hatte, ernst zu nehmen, und zwar in doppeltem Sinn: Abbau falscher, regressiver, repressiver Gottesbilder und Aufbau »gereinigter«, »befreiender«, »heilender« Gottesbilder gleichzeitig. Trotz dieses Rezeptionsvorgangs durch Theologen führt Religion *zum dritten* im Raum von Psychologie, Psychiatrie und oft auch Psychotherapie nach wie vor ein Winkeldasein. In der alltäglichen Praxis des Psychiaters und besonders Psychoanalytikers spielt Religion – im Gegensatz zur Sexualität – kaum eine Rolle. Ein Fall von »Verdrängung«?

1979 hielt ich an der Yale University die D. H. Terry Lectures zum Thema »Freud and the Problem of God«. Die Veröffentlichung des Materials (identisch mit dem Freud-Kapitel aus »Existiert Gott? Antwort auf die Gottesfrage der Neuzeit«, München 1978) durch Yale University Press hat die Frage nach der Funktion der Religion in der psychiatrischen Praxis für viele amerikanische Psychiater neu belebt. Zu meiner großen Freude hat mir die American Psychiatric Association 1986 den Oscar-Pfister-Preis verliehen. Den Festvortrag im Mai 1986 auf der Jahresversammlung in Washington – und in deutscher Sprache anläßlich der Hundertjahrfeier der Psychiatrischen Universitätsklink Basel – habe ich zum Anlaß genommen, auf der Basis meiner früheren Ausführungen über Freud das Problem der Verdrängung der Religion im Raum der Psychiatrie, Psychotherapie und Psychoanalyse in programmatischer Form zu thematisieren. In den letzten Jahren hatte ich Gelegenheit, diese Problematik in zahlreichen Gesprächen mit Kollegen der Psychiatrie und Psychotherapie immer wieder kritisch zu erörtern. Besonders danke ich in diesem Zusammenhang den Professoren Dieter Blumer / Detroit, Edgar Draper / Jackson, Hans Heimann / Tübingen, Wolfgang Loch / Tübingen und Walter Pöldinger / Basel.

Für die Veröffentlichung der Oscar-Pfister-Preis-Rede im deutschsprachigen Raum empfahl es sich, auch das Freud-Kapitel aus »Existiert Gott?«, das inhaltlich vorausgesetzt wird und auf deutsch nie separat erschienen ist, mit abzudrucken. Dem Leser kann so in handlicher Form Problematik und Programmatik der spannungsreichen Beziehung zwischen Psychiatrie, Psychotherapie und Theologie vor Augen gestellt werden. Das Ziel dieses Büchleins wäre erreicht, wenn es ihm gelänge, neue Gesprächsfäden zwischen den oft so fernen Disziplinen zu knüpfen.

Tübingen, im Januar 1987 Hans Küng

A. GOTT – EINE INFANTILE ILLUSION?

Die Religionskritik Sigmund Freuds

Schon Feuerbach hatte es nach dem Scheitern der politischen Revolution von 1848 prophezeit: Die Naturwissenschaften, die radikalen, korrosiven, destruktiven Naturwissenschaften, insbesondere die Chemie, werden jetzt die Revolution vorantreiben! Haben diese doch – wiewohl von den reaktionären Regierungen mit ihrem beschränkten Blickfeld nicht bemerkt – schon »längst in ihrem Scheidewasser die Mysterien der christlichen Weltanschauung aufgelöst«[1]. Statt mit der Theologie müsse sich die Philosophie jetzt mit der Naturwissenschaft verbinden, fordert der Philosoph, der selber zu den Naturwissenschaften strebt und doch immer wieder auf die Theologie zurückfällt. Nach einem Preislied auf Kopernikus, den »ersten Revolutionär der neueren Zeit«[2], empfiehlt er die chemische »Lehre der Nahrungsmittel. Für das Volk« des Jakob Moleschott. Dieser war es, der zusammen mit anderen jungen Naturforschern, besonders Carl Vogt und Ludwig Büchner, und gestützt auf Feuerbachs philosophische Kritik an Religion und Unsterblichkeit, den Durchbruch brachte zu einem spezifisch *naturwissenschaftlichen Materialismus*: Die spekulative idealistische Naturphilosophie Hegels und Schellings ist endgültig abgelöst durch exakte induktive Forschung in den Laboratorien. Die materialistischen Entwürfe von Demokrit und Lukrez im Altertum, von Lamettrie und Holbach in der französischen Aufklärung finden, nachdem sie vom Deutschen Idealismus zunächst überspielt worden waren, nun doch auch in Deutschland gerade unter Naturforschern Zustimmung. Und die stürmische Entwicklung der Naturwissenschaften samt der ihr folgenden Technisierung und Industrialisierung in Frankreich, England und Deutschland scheinen den Materialismus Schritt für Schritt zu bestätigen. Bereits war es gelungen, einen ersten organischen Stoff (Harnsäure) aus anorganischen Stoffen herzustellen (1828 F. Wöhler). Tierversuche bewiesen überdies die Abhängigkeit des Seelenlebens von leiblichen Funktionen.

Im Jahre 1854 – in Rom definierte Pius IX. die Unbefleckte Empfängnis Mariens! – brach in der »31. Versammlung deutscher Naturforscher und Ärzte zu Göttingen«, auf philosophisch wie naturwissenschaftlich freilich wenig hohem Niveau, der Konflikt offen aus: der berühmte *»Materialismusstreit«* zwischen dem anatomisch-physiologisch arbeitenden Mediziner Rudolph Wagner und dem Physiologen Carl Vogt. Wagner wollte aufgrund philosophisch-theologischer Argumente die Abstammung aller Menschen von einem einzigen Menschenpaar sowie eine besondere unsichtbar-unwägbare »Seelensubstanz« gegen neuere physiologische Theorien in Schutz nehmen[3]. Der angegriffene Vogt, scharf mit der traditionellen Konzeption unter dem Titel »Köhlerglaube und Wissenschaft«[4] abrechnend, nahm dagegen mehrere ursprüngliche Menschenpaare an und verglich das Verhältnis Gehirn–Gedanken sogar mit dem Verhältnis Leber–Galle oder Niere–Harn. Eine in dieser Frontstellung heute kaum noch denkbare Debatte: Unklarheiten, Übertreibungen, eigentliche Unrichtigkeiten, auch Grobheiten von beiden Seiten! Wer hatte hier recht?

1. Der psychoanalytische Atheismus

Für die große Öffentlichkeit damals hatten die Materialisten die Schlacht gewonnen. Seit diesem Streit war klar: Glaubensüberzeugungen haben in naturwissenschaftlich-medizinischen

Fragen nichts zu suchen; der mechanisch-naturgesetzliche Zusammenhang ist ohne philosophisch-theologische Vorbehalte bis ins Letzte zu erforschen; Bewußtseinstätigkeit ohne Gehirntätigkeit, eine selbständig dem Leib gegenüberstehende Seele gibt es nicht; Religion hat mit Wissenschaft nichts zu tun und ist, wenn überhaupt, Privatsache! Nachdem schon zwei Jahre vor der Göttinger Diskussion ein weiteres Werk des Physiologen Moleschott »Der Kreislauf des Lebens«[5] erschienen war, folgte ein Jahr später 1855 der Arzt Ludwig Büchner mit »Kraft und Stoff«[6]. Über 20 Auflagen machten dieses Buch zur kämpferischen Bibel der neuen naturwissenschaftlich-materialistischen Weltanschauung: Aus dem Zusammenwirken von Stoffen und ihren Kräften erklärt sich das Weltganze, erklärt sich auch der Menschengeist! Gott ist überflüssig!

Ein Jahr nach dem Erscheinen dieses Buches, am 6. Mai 1856, wurde Sigismund Freud, der sich nach dem Abitur stets *Sigmund Freud* nannte, geboren: im katholischen Landstädtchen Freiberg in Mähren (heute Tschechoslowakei), wo es nur zwei Prozent Protestanten und Juden gab[7].

Vom Naturwissenschaftler zum Atheisten

Es waren – vom Darwinismus sehen wir zunächst ab – vor allem die bahnbrechenden Fortschritte der beiden medizinischen Grundwissenschaften, der Anatomie und der Physiologie (samt der Pathologie), die so etwas wie einen *medizinischen Materialismus* begünstigten. Ein Jahrzehnt nach jenem Materialismusstreit – die Familie des Wollkaufmanns Jakob Freud war unterdessen mit dem vierjährigen Sigmund wegen geschäftlicher Schwierigkeiten nach Wien umgezogen, blieb aber in recht beengten Verhältnissen – lobt Feuerbach in einer seiner letzten Abhandlungen »Über Spiritualismus und Materialismus« ausgerechnet den Reformator Martin Luther: weil er seinen Sohn Paul Medizin studieren und damit zu einem potentiellen Leugner der unsterblichen Menschenseele habe werden lassen. Die Reformation also Beginn des deutschen Materialismus!? Für Feuerbach jedenfalls ist zu dieser Zeit klar: Der Mediziner ist von Natur aus Materialist[8].

In der Tat, gerade die Medizin war für den materialistischen Atheismus in der zweiten Hälfte des 19. Jahrhunderts von größter Bedeutung: Atheismus also nicht nur in der marxistischen oder nicht-marxistischen Arbeiterbewegung, sondern in erster Linie im aufgeklärten, der Kirche wie dem Christentum immer noch entfremdeten Bürgertum. Von Feuerbach führt so der Weg nicht nur zur Weltanschauung des dialektischen Materialismus (Engels nahm im übrigen gegen Büchners mechanistischen, undialektischen Materialismus Stellung), von Feuerbach führt der Weg auch – eben über die mechanistische oder gar materialistische Medizin – zur Psychoanalyse Sigmund Freuds. Wichtig auch die Tatsache, daß schon Feuerbach für die grundlegende Bedeutsamkeit der menschlichen Geschlechtlichkeit eintrat und offen die idealistisch-spiritualistische Psychologie samt der ihr entsprechenden Prüderie anprangerte: was alles zum Abbau der nicht geringen Hemmungen, auch die Sexualität naturwissenschaftlich-medizinisch zu untersuchen, wesentlich beitrug.

Nach Freuds Schüler Ernest Jones, Verfasser einer monumentalen dreibändigen Freud-Biographie von über 1600 Seiten, wuchs Freud »ohne jeden Glauben an einen Gott oder an die Unsterblichkeit auf und scheint ihn nie vermißt zu haben«[9]. Ein erstaunlich globales Urteil, das Jones, der sich manchmal recht weitschweifig über geringfügigste Details seines Helden verbreitet, freilich in keiner Weise zu belegen vermag. Ja, alles, was er selber in Sachen *Religion* über den jungen Freud berichten muß, bezeugt das Gegenteil: »Freud selber war zweifellos mit allen jüdischen Gebräuchen und Festen vertraut.«[10]

Sigmunds patriarchalischer *Vater* Jakob Freud, als orthodoxer Jude erzogen, war, bei aller liberal-distanzierten Einstellung zur jüdischen Tradition, anders als der Vater von Marx nicht zum Christentum konvertiert. Als er 75 war, schenkte er seinem Sohn zum 35. Geburtstag eine Bibel mit einer hebräischen Widmung: »Mein geliebter Sohn, Es war in deinem siebenten Lebensjahr, daß der Geist des Allmächtigen dich überkam und dich drängte zu lernen. Der Geist des Allmächtigen spricht zu dir und sagt: ›Lies in Meinem Buch; wenn du so tust, so eröffnen sich dir die Quellen des Wissens und Verstehens.‹ Es ist das Buch der Bücher; es ist der Brunnen, den die Weisen gegraben haben, und aus dem die Gesetzgeber das Wasser ihrer Weisheit schöpfen. – Du hast in diesem Buch deinen ersten Blick auf das Bild des Allmächtigen geworfen. Du hast seine Lehre willig angehört und hast dein Bestes getan, dich auf den Flügeln seines Geistes in die Höhe tragen zu lassen. Heute, an deinem 35. Geburtstag, hole ich diese Bibel wieder ans Licht und schicke sie dir als einen Beweis der Liebe von deinem alten Vater.«[11]

Ebenfalls unbegründet ist Jones' Behauptung, Freuds *Mutter*, die ihm zur Eröffnung seiner Praxis den Segen des Allmächtigen wünscht, habe nur »einen Rest von Gottesglauben bewahrt«[12]. Amalie Freud war es, die ihren Sohn im jüdischen Glauben unterrichtete. Wie problematisch freilich unaufgeklärter Religionsunterricht ist, zeigt folgende Erinnerung Freuds: »Als ich sechs Jahre alt war und den ersten Unterricht bei meiner Mutter genoß, sollte ich glauben, daß wir aus Erde gemacht sind und darum zur Erde zurückkehren müssen. Es behagte mir aber nicht, und ich zweifelte die Lehre an. Da rieb die Mutter die Handflächen aneinander ... und zeigte mir die schwärzlichen Epidermisschuppen, die sich dabei abreiben, als eine Probe der Erde, aus der wir gemacht sind, vor.«[13]

Jedenfalls bekennt Freud selbst, die Bibellektüre habe ihn als jungen Mann stark beeinflußt: »Frühzeitige Vertiefung in die biblische Geschichte, kaum daß ich die Kunst des Lesens erlernt hatte, hat, wie ich viel später erkannte, die Richtung meines Interesses nachhaltig bestimmt.«[14] Professor Hammerschlag, der ihn biblische Geschichte und Hebräisch gelehrt hatte, blieb zeitlebens der wichtigste seiner älteren Freunde und genießt »insofern eine Vorzugsbehandlung, als Freud, der sonst mit Kritik nicht sparte, an ihm nie etwas auszusetzen fand«[15]. Wie weit aber frühe Kindheitserlebnisse und die recht verwickelten Familienverhältnisse die Religiosität des kleinen Sigmund beeinflußt haben, werden heutige Psychoanalytiker kaum noch herausfinden können. Bemerkenswert ist: Freuds Vater hatte – nach dem Tod seiner zweiten Frau und mit zwei Kindern – im Alter von über 40 Jahren (er war bereits Großvater) eine noch nicht zwanzigjährige Jüdin geheiratet, die ein Jahr darauf Sigmund als ihren Erstgeborenen von acht Geschwistern zur Welt brachte; Freud war so von Geburt an Onkel, und sein fast gleichaltriger und dazu noch stärkerer Spielgefährte war als Sohn seines Halbbruders Emanuel sein Neffe, der seinen Vater als Großvater anredete. 40 Jahre später, nach dem Tod seines Vaters, stellte Freud in seiner schonungslosen Selbstanalyse den Höhepunkt einer Neurose fest, eine unbewußte Eifersucht und Abneigung gegen seinen Vater, der für ihn Autorität, Versagung und Zwang verkörperte, zugleich eine Leidenschaft zu seiner jugendlichen Mutter: kurz das, was er einen Ödipuskomplex nannte! Zur gleichen Zeit stellte er zur Verhütung weiterer Kinder jede sexuelle Betätigung rigoros ein, so daß nicht wenige Kritiker seine Wertung der Sexualität auf eine von hierher kommende »Sexualstauung« zurückführen[16]. Der Beziehung zu seiner Mutter schrieb er jedenfalls sein unerschütterliches Selbstvertrauen, seine innere Sicherheit zu: »Wenn man der unbestrittene Liebling der Mutter gewesen ist, so behält man fürs Leben jenes Eroberergefühl, jene Zuversicht des Erfolges, welche nicht selten wirklich den Erfolg nach sich zieht.«[17]

Zweierlei »antireligiöse« Erfahrungen aber haben sich Freud – ähnlich wie die Abneigung gegen Musik – schon früh und tief eingeprägt: Erfahrungen mit Ritualismus und Antisemitismus.

Erfahrungen mit dem katholischen *Ritualismus*: Die alte, tüchtige, aber auch strenge Kinderfrau seiner ersten Jahre, eine katholische Tschechin, impfte dem Kleinen katholische Vorstellungen von Himmel und Hölle und wahrscheinlich auch von Erlösung und Auferstehung ein und pflegte ihn in die katholische Messe mitzunehmen. Darauf ahmte der Kleine zu Hause die liturgischen Gesten nach, predigte und erklärte, »wie's der liebe Gott macht«[18]. Ob da Freuds Abneigung gegen religiöse Zeremonien und Lehren grundgelegt wurde? Jedenfalls dürfte es kein Zufall sein, daß sein erster Aufsatz über Religion 1907 unter dem Titel »Zwangshandlungen und Religionsübungen« geschrieben wurde[19]: Freud bezeichnet hier »die Zwangsneurose als pathologisches Gegenstück zur Religionsbildung«, umgekehrt »die Religion als universelle Zwangsneurose«[20].

Erfahrungen mit dem katholischen *Antisemitismus*: Freud fühlte sich als Jude und war stolz darauf. Aber er hatte dafür zu leiden, obwohl am Gymnasium eindeutig Klassenprimus und nur selten geprüft. Seine Außenseiterposition an Volksschule und Gymnasium war der von Karl Marx ähnlich: er hatte nur wenige nichtjüdische Freunde; Demütigungen mannigfacher Art durch antisemitische »Christen« gehörten zur alltäglichen Erfahrung. Lieber wäre er wie sein Neffe John im liberalen England erzogen worden. Sein Respekt vor seinem Vater aber erlitt eine entscheidende Einbuße, als der Zwölfjährige miterlebte, daß dieser eine Beleidigung – eine neue Pelzmütze vom Kopf geschlagen mit dem Wort »Jud, herunter vom Trottoir!« – einfach ruhig hingenommen hatte[21]. Solche Erlebnisse lösten in Freud frühe Haß- und Rachegefühle aus und machten ihm den christlichen Glauben zutiefst unglaubwürdig. Auch auf der Universität war es nicht besser: »Vor allem traf mich die Zumutung, daß ich mich als minderwertig und nicht volkszugehörig fühlen sollte, weil ich Jude war. Das erstere lehnte ich mit aller Entschiedenheit ab«, schrieb der 69jährige in seiner »Selbstdarstellung«[22].

Doch diese negativen Erfahrungen mit Religion, so sehr sie das Christentum diskreditierten, hätten nicht unbedingt Freuds – jüdischen! – Gottesglauben erschüttern müssen. Wie also kam es dazu?

Seinen *Beruf* wählte Freud, als er mit 17 Jahren zur Universität ging, nur zögernd, jedenfalls ohne Rücksicht auf wirtschaftliche Erwägungen. Schließlich entschied er sich ohne jede besondere Neigung zum Arztberuf. Nach seinem eigenen späteren Bekenntnis nicht aus einem »Bedürfnis, leidenden Menschen zu helfen«, sondern aus dem »Bedürfnis, etwas von den Rätseln der Welt zu verstehen und vielleicht selbst etwas zu ihrer Lösung beizutragen«[23]. Die Wissensbegierde also gab den Ausschlag: »Die Inskription an der Medizinischen Fakultät schien der beste Weg dazu, aber dann versuchte ich's – erfolglos – mit der Zoologie und der Chemie, bis ich unter dem Einfluß Brückes, der größten Autorität, die je auf mich gewirkt hat, an der Physiologie haften blieb, die sich damals freilich zu sehr auf Histologie einschränkte.«[24] Hier fand er die Personen, die er »respektieren und zu Vorbildern nehmen konnte«[25].

So hatte auch Freud seinen »zweiten Vater«: Was Hegel in Berlin für Feuerbach war, war Brücke in Wien für Freud. Und damit sind wir bei den Hauptpromotoren jener so erfolgreichen physikalischen, *mechanistischen Physiologie*, bei jener *Helmholtzschen Schule* der Medizin, die hervorgegangen war aus einem kleinen Club junger Physiker und Physiologen im Berlin der 40er Jahre. Es waren meist Schüler des großen Physiologen Johannes Müller und dann Freunde aufs Leben, die die Forschungen der nächsten zwanzig, dreißig Jahre weit über Deutschland hinaus beeinflußten: Hermann Helmholtz, Emil DuBois-Reymond, Carl Ludwig und eben Ernst Brücke, das

Vorbild eines disziplinierten, unbestechlichen, ernsten Naturwissenschaftlers. In dessen Institut blieb Freud sechs Jahre und nahm auch dann nur ungern Abschied.

Hermann Helmholtz, Physiker, Mathematiker und Biologe zugleich – »einer meiner Zimmergötzen« (Freud 1883[26]) –, hatte als 26jähriger dem vom Arzt Robert Mayer 1842 entdeckten Gesetz von der Erhaltung der Energie, jetzt exakt und allgemein formuliert, zum Durchbruch verholfen: Die Summe der Energien bleibt in jedem System konstant, welche Veränderung auch immer die einzelnen Energiebestandteile (mechanische, elektrische, strahlende, chemische) erleiden. Dieser Erhaltungssatz (»erster Hauptsatz der Thermodynamik«) ließ eine Einheit aller Naturkräfte vermuten. Zusammen mit dem Entropiesatz (Wärme kann niemals restlos in Energie zurückverwandelt werden) ist er das fundamentalste aller Naturgesetze. Erst jetzt konnte sich auch die von Descartes begründete mechanistische Auffassung vom Menschenleib voll auswirken, doch – wie schon bei Lamettrie – auf Kosten des Menschengeistes: Wie die anorganische Natur, so muß auch der menschliche Organismus aus Zusammenspiel und Umwandlung physikalisch-chemischer Kräfte oder Energien verstanden werden. Helmholtz, übrigens auch Erfinder eines Spiegels für das Innere des Auges und Verfasser eines weitgreifenden (physikalisch-physiologisch-psychologisch-ästhetischen) Werkes über Tonempfindungen (Akustik), gelang es, die Fortpflanzungsgeschwindigkeit von Reizen in den Nervenfasern zu messen.

Schon 1842 hatte DuBois-Reymond, Erforscher der Elektrizität in tierischen Muskeln und Nerven, geschrieben: »Brücke und ich haben uns verschworen, die Wahrheit geltend zu machen, daß im Organismus keine anderen Kräfte wirksam sind als die gemeinen physikalisch-chemischen; daß, wo diese bislang nicht zur Erklärung ausreichen, mittels der physikalisch-mathematischen Methode entweder nach ihrer Art und Weise die Wirklichkeit im konkreten Fall gesucht werden muß oder daß neue Kräfte angenommen werden müssen, welche, von gleicher Dignität mit den physikalisch-chemischen, der Materie inhärent, stets auf nur abstoßende oder anziehende Komponenten zurückzuführen sind.«[27] Auf diese Weise räumte die physikalische Physiologie mit der idealistischen Naturphilosophie gründlich auf. Und überhaupt mit jenem von Aristoteles und der Scholastik herkommenden »Vitalismus«, der in den Organismen (vom Schöpfer eingestiftete) immaterielle Faktoren, Wesensformen, Zwecke, Ziele (Entelechien) und damit höhere Pläne und letzte Absichten annahm. Dies alles zugunsten einer rein kausalen, deterministischen Erklärung aufgrund chemisch-physikalischer Faktoren (ähnlich also wie bei jener künstlichen Herstellung von Harnsäure). Auch die Psychoanalyse, so wird Freud später sagen, führt »alle psychischen Vorgänge... auf das Spiel von Kräften zurück, die einander fördern oder hemmen, sich miteinander verbinden, zu Kompromissen zusammentreten usw.«[28]. Freud wandte Grundsätze dieser physikalisch-physiologischen Wissenschaft unter Verzicht auf eine anatomische Grundlage empirisch auf klinisch beobachtete psychologische Vorgänge an: menschliche Psyche, verstanden als eine Art Maschine, als »seelischer Apparat«. »Psychische Energie« (Energiebesetzung und -gegenbesetzung, Energiezufuhr und -abfuhr, Erregung, Spannung und Verschiebung usw.) wurde so zu einem zentralen Begriff Freuds. Ja, Freud konnte sogar im Zusammenhang mit der Analyse des Traums als Wunscherfüllung die Begriffe »Zweck«, »Absicht«, »Ziel« wieder neu einführen, ohne jedoch die deterministischen Voraussetzungen aufzugeben, die psychische Erscheinungen ebenso gelten wie für physische. Also eine durchgehende Sinnhaftigkeit *und* Determiniertheit auch der anscheinend dunkelsten und willkürlichsten seelischen Phänomene.

Ist es nicht verständlich: Statt in Religion, Politik oder Philosophie sehen jetzt viele in der *Naturwissenschaft das Universalheilmittel* für alle Leiden der Zeit! Aus einer Forschungsmethode wurde eine Weltanschauung; man »glaubte« an sie.

Auch Freud empfand für diese Wissenschaft, wie sie sein Lehrer Brücke und seine Assistenten verkörperten, eine grenzenlose Ehrfurcht. Auch er »glaubte« an sie: Für ihn bedeutete sie in jedem Fall den Übergang zum Atheismus, wenn nicht zeitweilig gar zum radikalen Materialismus, den aber überlegene Forscher wie DuBois-Reymond und wohl auch Brücke ablehnten. Direkte Zeugnisse für diesen Übergang liegen jedoch von Freuds eigener Hand nicht vor. Merkwürdig: Freud, der sonst Intimstes aus seinem Leben berichten kann, verliert über diesen Übergang zum Atheismus kein Wort! Gab es vielleicht Widerstände? Wenn wir Freuds Religionskritik verstehen wollen, müssen wir weiter ausholen und seinen Weg zur Psychoanalyse genau verfolgen.

Von der Physiologie zur Psychologie

Da Freud sich nach wie vor nicht zur praktisch-ärztlichen Tätigkeit hingezogen fühlte, blieb er nach all seinen medizinischen Examina (Doktordiplom 1881) in der wissenschaftlichen Forschung und Laboratoriumsarbeit: sein Untersuchungsobjekt war hier das Rückenmark einer der niedrigsten Fischarten. Die theoretische Tätigkeit im physiologischen Institut ermöglichte ihm freilich ein nur unzureichendes materielles Auskommen. So riet ihm Brücke zur medizinischen Praxis. Wohl oder übel arbeitete Freud daraufhin seit 1882 in verschiedenen Abteilungen des Wiener Allgemeinen Krankenhauses, besonders in der *Neuropathologie* beim berühmten Psychiater Meynert. Der Theorie aber blieb Freud weiterhin treu. Zeitweise am Gehirnanatomischen Institut und an der Kinderklinik tätig, dehnte er seine Untersuchungen von tierischen Nervenzellen und Nervenfasern auf das menschliche Zentralnervensystem aus. Bis in die neunziger Jahre publizierte er eine große Anzahl von Arbeiten: 1891 die bedeutendste seiner neurologischen Publikationen, über die Gehirnlähmung der Kinder[29].

Was er schon so lange erstrebt hatte, erreichte er jetzt: Seit 1885 ist Freud Privatdozent für Neuropathologie an der Universität Wien. Im Jahr darauf endlich eröffnet er als Dreißigjähriger die Privatpraxis eines Facharztes für Nervenleiden. Und dies ausgerechnet an einem Ostersonntag! Eine »Trotzhandlung« in Erinnerung an die Osterfeste mit seiner katholischen Kinderfrau, der er später einen Großteil seiner psychischen Schwierigkeiten zuschrieb[30]? Wie dem auch sei: Jetzt endlich kann Freud sich – nach vierjähriger Wartezeit und beinahe täglicher Korrespondenz mit seiner fernen Verlobten (die berühmten 900 Braut-Briefe!) – verheiraten: mit Martha Bernays aus einer bekannten jüdischen Familie Hamburgs, der die Eheschließung mit dem mittellosen, beruflich wenig erfolgreichen und überdies »heidnischen« Freud allerdings gar nicht gefallen wollte. Freud mußte einen jüdischen Hochzeitsritus über sich ergehen lassen, für welchen er auch noch hebräische Texte zu lernen hatte, er, der sein Leben lang Abscheu vor Zeremonien, insbesondere religiösen, hegte. Doch gab seine Frau unter seinem Einfluß die orthodoxen jüdischen Bräuche auf, ohne freilich das Judentum in ihrer Familie je zu verleugnen. Es war eine glückliche Ehe: Drei Söhne und drei Töchter erwuchsen ihr, und sie bildete für Freud ein starkes Gegengewicht zu den anhaltenden beruflichen Schwierigkeiten.

An solchen war wahrhaftig kein Mangel: Die in Wien herrschende antisemitische Einstellung, dazu ein eklatantes (interessanterweise von ihm nachher verschwiegenes) Versagen Freuds bei der medizinischen Anwendung des Kokains, schließlich immer mehr auch weitverbreitete Vorurteile der Standeskollegen gegen Freuds ungewöhnliche Entdeckungen im Zusammenhang mit Hysterie und Hypnose (in Wien von vornherein »unseriöse« Themen, ja »unechte« Phänomene!) bildeten unübersteigbare Hindernisse für eine Berufung auf einen ordentlichen Lehrstuhl an der Universität.

Jedoch schon kurz vor der Eröffnung seiner Privatpraxis hatte Brücke ihm ein Reisestipendium verschafft: ins »Mekka der Neurologie«, an die Pariser Nervenklinik Salpêtrière, zum großen Jean Martin Charcot. Hier begann er sich für Hysterie (auch bei Männern!) und Hypnose (als Heilmethode!) zu interessieren: die ersten Anfänge seiner *Erforschung der Seele*, die Wende von der Neurologie zur *Psychopathologie*. Nach Wien zurückgekehrt, stieß Freud auf Widerstand: Hysterie bei Männern? Erzeugung hysterischer Lähmungen durch hypnotische Suggestion? Das wollte ihm niemand glauben. Er aber begann seine Entdeckungen allmählich zu einer systematischen Forschungsmethode auszubauen.

Bei Spezialisten in Nancy (Liébault, Bernheim) lernte Freud 1889 selber die Technik der hypnotischen Suggestion, die ihn dann aber in der Praxis ebensowenig befriedigte wie Versuche mit der Elektrotherapie. Erst Erfahrungen seines älteren medizinischen Freundes Josef Breuer mit einer jungen, intelligenten Hysterikerin (der berühmte Fall des Fräulein Anna O. = Bertha Pappenheim) brachten ihn weiter. Er begann nun, Hysterie und deren Symptome als Produkte seelischer Erschütterungen (Traumata) zu verstehen und zu behandeln: Der Patient hat diese vergessen, »verdrängt«; er soll sie unter hypnotischer Suggestion wieder in die Erinnerung zurückrufen, um sie so, statt sie zu unterdrücken, »abzureagieren«. So kann der Patient allmählich von dem unerledigt gebliebenen, unbewußten Reiz (später »Komplex« genannt) und seinen krankhaften Symptomen geheilt werden – freilich nicht ohne eine gewisse (damals von Breuer nicht eingestandene) »Übertragungsliebe« zum Arzt. Breuer und Freud nannten dieses Verfahren die *Methode der Katharsis* (Reinigung)[31].

Freuds Übergang von der Physiologie zur Psychologie wurde jetzt immer entschiedener. Greifbar zuerst 1895 im »Entwurf einer Psychologie«[32] (mitgeteilt nur dem Berliner Arzt Wilhelm Fließ): Beschreibung psychologischer Vorgänge, hier allerdings noch in rein physiologischer Terminologie (als quantitativ bestimmbare Zustände der Nervenzellen oder »Neuronen«). Fünf Jahre später dann, in der »Traumdeutung«: Beschreibung psychologischer Vorgänge, zwar noch unter Benützung zahlreicher Einzelzüge und Strukturmerkmale aus der Physiologie, aber ohne Nachweis einer physikalisch-physiologischen Basis der klinisch beobachteten psychologischen Vorgänge. Physiologischen Ausdrücken gab Freud jetzt mehr und mehr eine psychologische Bedeutung. Denn: zwischen den physiologischen und den psychischen Vorgängen gibt es eine bisher freilich unerklärte Parallelität und Wechselwirkung.

Wie kam Freud darauf? »Ich war immer für die Ideen G. Th. Fechners zugänglich und habe mich auch in wichtigen Punkten an diesen Denker angelehnt«, schrieb Freud in seiner »Selbstdarstellung«[33]. In der Tat: In seinen psychologischen Grundvorstellungen lehnte Freud sich stark an den – vom Philosophen und Psychologen J. F. Herbart herkommenden – Fechner an, den Begründer der Experimentalpsychologie[34]. Dieser hatte damals den einzigen bedeutenden Gegenentwurf eines Naturwissenschaftlers zum Materialismus Moleschotts, Vogts und Büchners vorgelegt und übte einen starken Einfluß auf Freuds Lehrer, den Physiologen Brücke, sowie den Psychiater Meynert aus.

Doch je selbständiger sich Freud mit der kathartischen Methode in Theorie und Praxis beschäftigte, desto mehr geriet er auf einen anderen Weg und wurde damit zum Revolutionär gegen überlieferte Dogmen der Medizin. Er machte die unerwartete, aber sich rasch bestätigende Erfahrung: Hinter den Erscheinungen der Neurose stehen nicht beliebige Affektregungen, sondern sind regelmäßige aktuelle oder frühere *Sexualstörungen* (freilich weniger tatsächliche Verführungen als, wie er erst später feststellte, sexuelle Phantasien) verborgen wirksam. Konsequent ging Freud dazu über, das Sexualleben der Neurotiker zu untersuchen, was seine Stellung in Wien nicht gerade erleichterte: Verlust mancher Patienten, allgemeine Kritik der Fachkollegen und schließlich vor allem Bruch der zwanzigjährigen Freundschaft mit Breuer (1895), nun abgelöst durch die intensive Freundschaft mit dem genannten Wilhelm Fließ, waren die Folge.

Das Reich der verborgenen Wünsche

Sehr viel später wird Freud auch kritisch die *Religion* analysieren, was ihn im katholischen Wien nur noch verdächtiger machen wird. Er wird fragen: Woher haben die religiösen Vorstellungen ihre innere Kraft? Und seine Antwort wird sein: Sie sind »nicht Niederschläge der Erfahrung oder Endresultate des Denkens«, sondern »Erfüllung der ältesten, stärksten, dringendsten Wünsche der Menschheit; das Geheimnis ihrer Stärke ist die Stärke dieser Wünsche«[35]. Will man diese grundlegende Antwort Freuds auf die Frage nach dem Wesen von Religion nicht mißverstehen, muß man seine neuen Einsichten in die menschliche Psyche und auch in das, was Wunsch bedeutet, klar vor Augen haben. Es geht nicht nur und auch nicht in erster Linie um bewußte Wünsche, um das menschliche Bewußtsein. Wir nähern uns nun dem, was die Psychoanalyse ausmacht.

Freud hatte die Dynamik der menschlichen Psyche entdeckt, das Kräftespiel vor allem jener oft kaum beachteten seelischen Schicht, die, von manchen überhaupt geleugnet, unmittelbarer Erkenntnis nicht zugänglich ist: das zunächst völlig dunkle und im Vergleich zum bewußten Seelenleben anscheinend willkürliche und planlose Unbewußte. Die zentrale Einsicht war: Alles Psychische ist zunächst unbewußt! Die unbewußten Prozesse sind die »primären« psychischen Prozesse; die bewußten Prozesse dagegen sind die »sekundären«. In epochaler Weise macht Freud unter unendlichen Mühen das bisher (etwa in der Romantik) mehr erahnte als erforschte *Unbewußte zum Objekt methodisch-wissenschaftlicher Ergründung* (Unterscheidungen zwischen Vorbewußtem und eigentlichem Unbewußtem, auch sehr viel später dann zwischen verschiedenen Instanzen oder Systemen der Psyche: Ich – Es – Über-Ich).

Freud entdeckte: Im Normalfall werden die unbewußten anstößigen Triebregungen vom Bewußtsein, vom Ich, in mehr oder weniger intensiver Auseinandersetzung abgewiesen; die Energie wird entzogen oder abgeführt. Doch in bestimmten Fällen werden solche Triebregungen erst gar nicht zur Auseinandersetzung zugelassen: Durch einen primären Abwehrmechanismus vom Ich von vornherein abgewiesen, werden sie – die Summe der Energie bleibt konstant! – mit ihrer vollen Energiebesetzung ins Unbewußte verlagert, *verdrängt*. Die Folgen: Es kommt zur Ersatzbefriedigung – in Form von Träumen oder gar körperlichen neurotischen Symptomen.

Aufgabe der *Therapie* ist von daher: Die traumhaften oder neurotischen Affekte sind nicht einfach abzureagieren, sondern als Verdrängungen aufzudecken. Sie sind ins Bewußtsein zu heben und im Zusammenwirken von Patient und Therapeut durch Urteilsleistungen abzulösen, welche Annahme oder Verwerfung der früher abgewiesenen Triebregungen bedeuten können. Damit hatte Freud den anderen Weg gefunden: Heilung seelischer Krankheiten durch Aufdeckung unbewußter, unerledigter traumatischer Erlebnisse und Affekte, gewiß. Aber jetzt nicht mehr durch die oft erfolglose hypnotische Exploration (»Auskundschaftung« der Psyche im Zustand der Hypnose), auch nicht (wie Freud zunächst versucht hatte) durch Bedrängen und eindringliches Befragen seitens des Therapeuten, sondern *durch »freie Assoziation« des Patienten*. Das heißt: In voller Aufrichtigkeit soll der Patient alles, wirklich alles sagen, was ihm im Augenblick durch den Kopf geht, während er sich jeder bewußten Zielsetzung enthält. So kann das Verdrängte gegen allen Widerstand des Bewußtseins diesem dennoch zugeführt werden. So lernt der Patient sich kennen, mit seinen Tiefen und Untiefen. Freud gab dem neuen Verfahren zur Untersuchung und Heilung den Namen *Psychoanalyse*.

Aber Freud hatte erkannt: Der Widerstand des Patienten gegen die Bewußtmachung kann nur aufgedeckt und überwunden werden, wenn der Analytiker jene bestimmte (zu erlernende) Deutungskunst beherrscht, welche dem Patienten den Gang der Analyse und die Anordnung des Stoffes überläßt. Breuer jedoch hatte eines nicht verstanden und deshalb nicht eingestanden: das Moment der *»Übertragung«*, das heißt die positive oder negative Gefühlsbeziehung des Patienten zum Analytiker, die ohne dessen Zutun entsteht, und auch das umgekehrte Phänomen der *»Gegenübertragung«* des Analytikers auf den Patienten. Für Freud aber wird die Übertragung nun zum entscheidenden Wendepunkt des therapeutischen Verfahrens: Sie ermöglicht sowohl den Einfluß des Arztes als auch den Widerstand des Patienten; es entsteht das, was man später »Arbeitsbündnis« oder »therapeutische Allianz« genannt hat. Nur so, am Arzt gleichsam als dem Duplikat einer früher erlebten Person, kann der Patient seine verdrängten positiven oder negativen Gefühlsrelationen zu wichtigen Personen der Vergangenheit (vor allem Eltern, Geschwister) wiedererleben. Nur so ist ein Einblick in die hier wirksamen unbewußten Strukturen und Dynamismen, nur so auch eine Aufdeckung, Deutung, Formulierung der unbewußten Motivationen möglich. Nur so wird eine dauerhafte Veränderung der seelischen Ökonomie, ein Verschwinden der krankhaften Symptome samt einer Auflösung der Übertragung erreicht. Der Patient soll wieder lieben und arbeiten können: das ist nach Freud das Ziel der Therapie.

Was aber ist der beste Weg zu diesem Ziel? Der Hauptzugang für die Psychoanalyse, die Via regia, der königliche Weg in das dunkle Reich des Unbewußten, ist die *Deutung der Träume*: Der zunächst sinnlos erscheinende Traum hat durchaus einen Sinn, wenn man nämlich nicht einfach auf den bewußten »manifesten Trauminhalt«, sondern auf die im Traum verarbeiteten, vorbewußten »latenten Traumgedanken« schaut. Untersucht man diese, so finden sich vor allem Spuren des vorausgegangenen Wachlebens (»Tagesreste«). Daneben aber taucht auch eine oft sehr anstößige, früher verdrängte Wunschregung auf, die als der eigentliche Traumbildner die Energie für die Produktion des Traumes aufgebracht hat! Sie bedient sich der Tagesreste als Material, um – bei dem im Schlafzustand herabgesetzten Verdrängungswiderstand des Ich – mit Hilfe des Traums zum Bewußtsein vorzudringen. Doch wegen der Traumzensur des Ich (= dem Rest des Verdrängungswiderstandes) muß das vorbewußte Traummaterial geändert, abgeschwächt, verdichtet, verschoben, verzerrt und schließlich dramatisiert werden: Das ist der Prozeß der »Traumarbeit«; er führt zu der für den Traum so charakteristischen »Traumentstellung« und läßt ihn deutlich als Ersatz- und Kompromißbildung erscheinen.

Schon 1895 hatte Freud das Sinnmoment im Traum entdeckt: *»Träume« sind »Wunscherfüllungen«*[36]. Das heißt: Träume – ähnlich wie die zunächst ebenso unverständlichen neurotischen Symptome – sind *verkappte* Erfüllungen eines *verdrängten* und so der Deutung bedürftigen Wunsches. So können denn verdrängte Traumata mit Hilfe der Träume analysiert und verstanden werden. Oder auch mit Hilfe jener kleinen Fehlleistungen und Symptomhandlungen des Alltags (Versprechen, Verschreiben, Verlesen, Verlegen, Vergessen von Vorsätzen, Namen, Erlebnissen), die keineswegs zufällig sind, sondern unbewußte Vorgänge an den Tag bringen, was Freud 1904 in seinem dann populär gewordenen Buch »Zur Psychopathologie des Alltagslebens« darlegte. Grundlegend aber bleibt jenes Buch, das Freud immer als sein wichtigstes betrachtet hat: »Die Traumdeutung«, veröffentlicht – wie Harnacks »Wesen des Christentums« – im Jahre 1900[37], von der Öffentlichkeit zunächst völlig ignoriert und in Fachzeitschriften vernichtend kritisiert. Kein guter Start des »Vaters der Psychoanalyse«: In sechs Jahren verkaufte man ganze 351 Exemplare dieses originellsten und bedeutendsten Werkes Sigmund Freuds. An seinem Vorlesungszyklus über Träume im selben Jahr 1900 nahmen drei Hörer teil.

Doch: Vom Traumverständnis her gesehen erscheint die Psychoanalyse jetzt nicht mehr nur als Hilfswissenschaft der Psychopathologie. Sie ist Ansatz für ein gründlicheres Verständnis des Seelenlebens auch des normalen, gesunden Menschen. Gerade mit Hilfe der Traumdeutung vermag der Analytiker zum vergessenen Stoff der Kindheitsjahre vorzustoßen. Auf der Suche nach den sexuellen Konfliktsituationen, aus denen die Verdrängungen resultieren, gelangte Freud nämlich zur Untersuchung der allerersten Kinderjahre, die sich – keineswegs sexuell »unschuldig« – als hochbedeutsam für die Gesamtentwicklung des Menschen erwiesen. Will man Freuds damals sehr schockierende Lehre von der *infantilen Sexualität* freilich nicht von vornherein mißverstehen, so muß man wissen, was er unter dem oft so mißdeuteten Begriff »Libido« versteht: Libido ist die (auch schon bei Kindern sich findende) Energie der Sexualtriebe; diese ist aber nicht allein an die Genitalien gebunden, sondern sie stellt eine umfassendere nach Lust strebende Körperfunktion (Wollustempfindung im weitesten Sinn des Wortes) dar; sie ist Kindern wie Erwachsenen, Normalen wie Anormalen gemeinsam und schließt somit auch alle bloß zärtlichen oder freundschaftlichen Regungen (alle Arten von »Liebe«) ein. Warum einen so erweiterten Begriff von Sexualität? Nur so wird es Freud möglich, eine umfassende Theorie der Sexualität zu erarbeiten: ihre Wunschphantasien (später vor allem der Ödipus-Komplex); ihre verschiedenen frühen Phasen (autoerotische – orale – anale – genitale); ihre Fixierungen auf gewisse Stellen des Entwicklungsganges; ihre Regressionen auf diese Stellen im Fall der Verdrängung; ihre Sublimierung oder Verwendbarkeit für mannigfache kulturelle Leistungen.

Dies also sind die beiden bedeutendsten wissenschaftlichen Errungenschaften Freuds: seine Theorien vom Unbewußten und dessen Arbeitsweise (»Primärvorgang«, Traumdeutung) und von der Libido (infantiles Sexualleben). Für diese beiden epochalen Entdeckungen hatte Freuds Selbstanalyse (systematisch ab 1897) eine entscheidende Rolle gespielt. Dabei hatte er an sich selbst, wie bereits bemerkt, eine frühkindliche Leidenschaft zu seiner Mutter und Eifersucht auf seinen Vater entdeckt: ein allgemein menschlicher Zug, wie er meint, schon früh zum Ausdruck gebracht im Mythos vom König Ödipus, der, ohne es zu wissen, seinen Vater getötet und seine Mutter geheiratet hatte[38].

1905 hat Freud seine überraschenden Ermittlungen über das menschliche Sexualleben in den »Drei Abhandlungen zur Sexualtheorie«[39] grundlegend zusammengefaßt, in späteren Auflagen dann immer wieder korrigiert und ergänzt (seit 1908 auch direkte Beobachtung an Kindern): mit der »Traumdeutung« für Freud das wichtigste Buch. 1916/17 schließlich war er fähig, eine große Synthese, bestehend aus den drei Teilen Fehlleistungen – Traum – allgemeine Neurosenlehre, vorzulegen: »Vorlesungen zur Einführung in die Psychoanalyse«[40], die 1933 durch eine »Neue Folge« ergänzt wurden[41].

Freud war jetzt nicht mehr isoliert wie in dem Jahrzehnt nach der Trennung von Breuer. 1902 hatte er, endlich, den für Mediziner in Wien so wichtigen Titel eines (außerordentlichen) Professors erhalten (erst 1920 freilich den eines Ordinarius). Immer mehr unterstützten ihn jetzt Schüler und Mitstreiter: zuerst ein kleiner Kreis in Wien; dann die großen Schweizer Psychiater E. Bleuler und C. G. Jung, mit denen Freud 1908 die erste von in Bälde drei psychoanalytischen Zeitschriften gründete; schließlich die Internationale Psychoanalytische Vereinigung, die 1910 mit C. G. Jung als erstem Präsidenten und mehreren Ortsgruppen gebildet wurde. Im Jahr zuvor hatten Freud und Jung, noch immer in Deutschland verfemt und geschmäht, in USA (Worcester/Mass.) Gastvorlesungen gehalten und auch den Harvard-Neurologen J. J. Putnam und den Philosophen William James getroffen. Und wenn sich in der Folge nach Bleuler auch C. G. Jung und Alfred Adler von Freud trennten und eigene tiefenpsychologische Schulen gründeten, so war die Psychoanalyse jetzt doch theoretisch, praktisch und organisatorisch genügend gefestigt, daß Freud daran gehen konnte, nicht mehr das psychoanalytische Lehrgebäude als solches auszubauen (in bezug auf Ödipuskomplex, Narzißmus, Trieblehre und Anwendung auf Psychosen), sondern auch die Voraussetzungen und Ergebnisse der Psychoanalyse auf andere Gebiete des seelischen und geistigen Geschehens zu übertragen.

Mit der Traumdeutung (und besonders dem Ödipuskomplex) hatte die Psychoanalyse die *Grenzen der Medizin* längst *überschritten*. Und Freud selber, dem die Psychoanalyse zum Lebensinhalt geworden war, leitete mit seinen Aufsätzen über eine Kindheitserinnerung des Leonardo da Vinci, den Wahn und die Träume in W. Jensens »Gradiva«, den Moses des Michelangelo, eine Kindheitserinnerung Goethes aus »Dichtung und Wahrheit«, über Dostojewski und die Vatertötung sowie mit vielen anderen größeren und kleineren Arbeiten ein, was unterdessen eine unüberschaubare Ausweitung erfahren hat: die Anwendung der Psychoanalyse auf Literatur und Kunstwissenschaft, auf Mythologie, Volkskunde und Pädagogik, Prähistorie und Religionsgeschichte. Psychoanalyse also nicht mehr als therapeutisches Verfahren, sondern *als universales Aufklärungsinstrument*. Und damit sind wir – nach unumgänglich längerer Vorbereitung – wieder bei unserem eigentlichen Thema, zu dem schließlich auch Freud selber hingefunden hat auf seinem langen Weg von der Gehirnanatomie und Gehirnphysiologie über die Psychopathologie zu seiner neuartigen Psychologie (»Metapsychologie«): bei der Kritik der Religion.

Zwei Fragen sind es, die die verschiedenen Zweige der neueren religionswissenschaftlichen Forschung ständig in Gang gehalten haben und die auch Sigmund Freud beschäftigten: Was ist der Ursprung und was ist das Wesen der Religion? Beide Fragen hängen zusammen.

Woher kommt Religion?

Ein Blick zunächst auf den *geschichtlichen Horizont*: Die Frage nach der Entstehung der verschiedenen Religionen ist für *Freud* ganz selbstverständlich eine *psychologische Frage*. Für die christlichen und jüdischen *Theologen* war dies jahrhundertelang eine dogmatische Frage gewesen: Die heidnischen Religionen sind Entartungen, Degenerationen der ursprünglichen reinen Offenbarungs-Religion (Uroffenbarung) – aufgrund des in der Bibel berichteten Sündenfalls. Aber auch noch für die rationalistischen *Aufklärer* des 18. Jahrhunderts – vom Engländer David Hume über die Franzosen Rousseau, Voltaire und Diderot bis zum Deutschen Gotthold Ephraim Lessing – war es eine dogmatische Frage: Die verschiedenen Religionen sind Entartungen, Degenerationen der ursprünglich reinen Vernunft-Religion mit ihrem klaren Glauben an Gott, Freiheit, Unsterblichkeit – aufgrund von Priestererfindungen und Volksgebräuchen. Erst für die *Religionswissenschaftler* des 19. Jahrhunderts wurde die Frage nach dem Ursprung der Religion zu einer historischen, philologischen, ethnologischen, psychologischen Frage. Freilich gab es Interesse für die Geschichte der Religionen schon im klassischen Griechenland; doch Religionswissenschaft als eigene Disziplin gibt es erst seit dem 19. Jahrhundert. Für sie wurde die Urreligion selber zum Problem.

Den *Philologen* aller Art – Sinologen, Indologen, Iranisten, Assyrologen, Ägyptologen, Arabisten, Germanisten, klassischen Philologen sowie alt- und neutestamentlichen Exegeten – ging es darum, die zahlreichen verschollenen religiösen Urkunden der schriftkundigen Völker zum Sprechen zu bringen und den engen Zusammenhang von Religion und Sprache aufzuhellen. Durch vergleichende Erforschung der alten Mythen und Märchen hofften deutsche Philologen wie J. Grimm und W. Schwartz die urgermanische Religion, ja die älteste indoeuropäische Religion rekonstruieren zu können. Der auch indische Quellen einbeziehende Mythenforscher A. Kuhn und der eigentliche Begründer der »Religionswissenschaft« (und Verantwortliche für den Wortgebrauch), F. Max Müller, sahen hinter allen Mythen Naturphänomene und rekonstruierten so eine poetische Naturreligion. Historische Wahrheit?

Vor allem die britischen *Anthropologen* und *Ethnologen* aber waren – aufgrund ihrer philosophischen Tradition und der kosmopolitisch-kolonialen Interessen im aufstrebenden British Empire – anderer Auffassung. Diese älteste Religion soll nicht aufgrund alter mythologischer Überlieferungen spekulativ erdacht, sondern empirisch untersucht werden: durch direkte Erforschung der Religionen der kulturarmen, schriftlosen (= »primitiven«) Völker (»Naturvölker«) an Ort und Stelle. Ethnologie (Anthropologie) und Religionswissenschaft (Religionsgeschichte, -phänomenologie, -psychologie, -soziologie) ließen sich theoretisch, kaum aber praktisch trennen. Überall wollte man jetzt – es ist die Zeit Darwins – die »Entwicklung« sehen.

»Die damals aktuelle Lehre *Darwins* zog mich mächtig an, weil sie eine außerordentliche Förderung des Weltverständnisses versprach«, so berichtet der fast siebzigjährige Freud vom Gymnasiasten Freud und dessen Entschluß zum Medizinstudium[42]. Charles Darwin hatte dem *Entwicklungsdenken* indessen nicht nur in der Biologie und den Naturwissenschaften, sondern auch in *Ethnologie, Religionswissenschaft und Religionsgeschichte* in epochaler Weise zum Durchbruch verholfen. Das theologische Schema von einem Höhenanfang, einem reinen Monotheismus und einem paradiesischen Zustand menschlicher Vollkommenheit (Degenerationstheorie) wurde abgelöst durch ein naturwissenschaftlich aufgeklärtes Schema von einem Tiefenanfang: einem primitiven menschlichen Zustand mit einem elementaren »Macht«- oder Geisterglauben, der sich erst allmählich zu Höherem entwickelte (Evolutionstheorie).

Der Entwicklungsgedanke als solcher war nicht neu. Nach Ansätzen in der griechischen Antike (Empedokles, Lukrez) wurde er, insbesondere von Leibniz her, im deutschen Idealismus wie im französischen Positivismus heimisch. Vor allem Hegel und Comte hatten ihm in ihrer Geschichtsphilosophie vorgearbeitet. Der Philosoph und Soziologe *Herbert Spencer*, Darwins englischer Zeitgenosse und philosophischer Hauptvertreter des Evolutionismus im 19. Jahrhundert, hatte schon vor Darwin die Entwicklung von niedrigeren zu höheren Stufen als Grundgesetz aller Wirklichkeit proklamiert und zur Grundlage seines »Systems der synthetischen Philosophie« gemacht[43]. Auf ethnologischer Ebene aber wurde die Evolutionstheorie grundgelegt durch den Kulturanthropologen (erster Fachprofessor in Oxford) *E. B. Tylor*[44]: Auch Religion habe sich in einer geraden Linie von der Steinzeit bis zur Gegenwart entwickelt, gleichförmig durch dieselben Phasen hindurch in kleinen Schritten von niedrigeren zu höheren Formen – freilich auf verschiedenen Gebieten mit verschiedenem Tempo! Also gilt es nur, die Religion der »primitiven« Naturvölker und ihre Überbleibsel (»survivals«) in späteren Religionen zu untersuchen – und man hat die älteste Religion gefunden!

Als erste Stufe der Religion – oder besser nur Vorstufe der Religion – galt seit Tylor der *Animismus*: jener in Rein- oder Mischform sich findende Glaube an anthropomorph gedachte »Seelen« oder – später – »Geister« (lateinisch »animi«: selbständig bestehende Seelen), also der Glaube an eine Allbeseelung. Dem Seelen- oder Geisterglauben folgte dann der polytheistische Götterglaube und schließlich der monotheistische Gottesglaube. Diese Auffassung vom animistischen Ursprung der Religion wurde von dem Psychologen und Philosophen Wilhelm Wundt psychologisch unterbaut[45]. Einige nahmen später mit dem englischen Religionswissenschaftler R. R. Marett[46] noch eine präanimistische Vorstufe an: Präanimismus als Minimaldefinition einer Religion, wo der Mensch, bevor er an bestimmte Geister glaubt, an eine geheimnisvolle, angeblich unpersönliche, belebende Kraft oder »Macht« (melanesisch »Mana«) in allen Dingen glaubt. Dort Glaube an die Allbeseelung (Animismus), hier Glaube an die Allebendigkeit (Animatismus) aller irdischen Dinge. Der Schotte W. Robertson Smith[47] aber hatte herausgestellt, daß nicht so sehr der Glaube an Geister oder Götter, sondern die heilige Handlung, der Ritus, der Kult das für Religion Grundlegende ist. Für ihn ist deshalb der *Totemismus*, die Tierverehrung, wie er sie bei einem primitiven Clan in Australien fand und wie sie alle Völker durchlaufen hätten, die ursprüngliche Religion: Der Clan versteht sich als mit einem bestimmten Totem, einem Tier (oder später auch einer Pflanze oder Naturerscheinung) verwandt (»Totem« = Verwandtschaft) oder gar von ihm abstammend. Das Totemtier beschützt die Gruppe und darf nicht beschädigt oder getötet werden; den Angehörigen der Totemgruppe ist Sexualverkehr untereinander nicht erlaubt (Exogamie). So treten im Gefolge des Totemismus die ersten ethischen Gebote auf: Mordverbot und Inzestverbot – das sind nach Robertson Smith die beiden herrschenden »Tabus« (ein polynesisches Wort für »gemerkt«, »verboten«, also »unberührbar«). Einmal im Jahr aber wird das Totemtier rituell getötet und aufgezehrt, damit es die Kraft des Clans oder Stammes erneuere. Aus diesem gleichsam sakramentalen Totemmahl seien sowohl die Verehrung göttlicher Wesen (zunächst in Tiergestalt) wie auch die Schlachtopfer hervorgegangen.

Nach dem Evolutionsschema nun ist das Leben der Naturvölker nicht anders als primitiv vorstellbar: dumpf, ja nach manchen beinahe sprachlos (nur mit Gebärden und Grunzlauten). Deshalb ist jeder Kult auf der Stufe des Animismus oder Totemismus nichts anderes als *Magie* (Zauber): Handlungen, besonders Worte, durch deren gleichsam automatische Wirkung zwingend auf die Naturmächte Einfluß genommen werden soll. Erst aus der wachsenden Erkenntnis der Wirkungslosigkeit der Magie – vor allem gegen den Tod – soll sich dann zur Besänftigung der Naturmächte der Glaube an Geister und Götter und somit *Religion* entwickelt haben. Und schließlich, sehr viel später, durch weitere Korrekturen das rationale, wissenschaftliche Denken, die *Wissenschaft*. Jenes von Hegel und Comte her wohlbekannte weltgeschichtliche Dreitaktschema erscheint jetzt umgesetzt in ein religionsgeschichtliches Entwicklungsschema, das insbesondere durch den britischen Ethnologen und Religionsforscher J. G. Frazer, der, von Robertson Smith und Wilhelm Mannhardt[48] beeinflußt, zwischen imitativer und sympathischer Magie unterscheidet, mit ungeheuer viel Tatsachenmaterial angefüllt wird: die drei Phasen Magie – Religion – Wissenschaft[49]. Schien das nicht alles klar und logisch stringent?

Genau diese *ethnologische Erklärung der Religion* und dieses Entwicklungsschema der frühen Klassiker der Religionsgeschichte nimmt Freud auf. Direkt angeregt dazu wurde er von C. G. Jungs religionsvergleichenden Forschungen und dessen großer Abhandlung »Wandlungen und Symbole der Libido«[50]; doch stützte er sich seinerseits besonders auf Robertson Smith, Frazer und auch Marett. Es ging Freud zunächst einfach darum, seine schon 1907 vorgetragene These religionsgeschichtlich zu untermauern: Religiöse Riten gleichen neurotischen Zwangshandlungen! Er tut es in vier Aufsätzen, veröffentlicht als Buch unter dem Gesamttitel *»Totem und Tabu«* (1912)[51]. Ob Freud die Inzest-Scheu (1. Aufsatz) oder die Tabuverbote insgesamt (2. Aufsatz), ob er Animismus und Magie (3. Aufsatz) oder auch den Totemismus (4. Aufsatz) untersucht: Überall zeigt sich ihm eine Ähnlichkeit zwischen Bräuchen und Glaubenshaltungen der Primitiven einerseits und den Zwangshandlungen seiner neurotischen Patienten andererseits; überall findet er ein Weiterbestehen des primitiven Geisteslebens bis in die Gegenwart hinein. Immerhin präzisiert jetzt Freud seine frühere provozierende Aussage, nach welcher Religion als universelle Zwangsneurose bezeichnet wurde. Bei aller Ähnlichkeit von Zwangsneurose und Religion sei die

Neurose doch deren *Verzerrung*: »Man könnte den Ausspruch wagen, eine Hysterie sei ein Zerrbild einer Kunstschöpfung, eine Zwangsneurose ein Zerrbild einer Religion, ein paranoischer Wahn ein Zerrbild eines philosophischen Systems.«[52]

Doch wollte Freud mehr, als nur auf diese Ähnlichkeit aufmerksam machen. Er wollte eine »*Psychogenese der Religion*«, deren Grundkonzeption in seinem Kopf von vornherein feststand: »Ich lese dicke Bücher ohne rechtes Interesse, da ich die Resultate schon weiß, mein Instinkt sagt mir so; sie müssen aber durch alles Material hindurchgeschleift werden.«[53] Woher hatte Freud die Resultate? Er bezog sie aus seiner psychoanalytischen Gesamtschau und seinen klinischen Erfahrungen, die er nach Diskussion der verschiedenen unbefriedigenden Theorien zur Erklärung des Totemismus vorträgt.

Insbesondere war Freud bei der Beobachtung von Kleinkindern aufgefallen, daß diese zunächst Tiere lieben, in einer späteren Entwicklungsphase aber Tiere zu fürchten beginnen. Analysiert man derartige Tierphobien bei Kindern oder auch bei solchen Erwachsenen, bei denen sich kindliche Phobien in neurotischer Weise erhalten haben, so entdeckt man als ihren Grund: eine Angst vor dem eigenen Vater, die aber auf ein Vatersymbol – das Tier – verschoben, projiziert wird. Warum? Eigentlich möchte das Kind den Vater verehren und lieben, und doch fürchtet es ihn zugleich. Diese Angst wird allerdings nicht bewußt verarbeitet, sondern vom Bewußtsein ins Unbewußte verdrängt. Sie lebt dort weiter und taucht in anderer Gestalt wieder auf: An die Stelle des Vaters tritt ein Tier. Doch eigentlich gelten die ambivalenten Gefühle, Liebe wie Angst, dem Vater; das Tier ist nur ein Verschiebungsersatz.

Diese psychoanalytische Erklärung wendet nun Freud im letzten seiner vier Aufsätze auf den Totemglauben an; unter dem Titel »Die infantile Wiederkehr des Totemismus« versucht er eine psychologische Erklärung der Religion zu geben. Dieselbe Ambivalenz der Gefühle läßt sich im Verhalten gegenüber Totemtieren beobachten: Tötungsverbot und doch

Opfer. Die Totemgenossen verhalten sich also zu den Totemtieren ähnlich wie Kinder und Neurotiker Tieren gegenüber: auch für sie ist demnach das Tier ein Symbol für den Vater, genauer: ein Symbol für den Stammvater.

Das bedeutet: Auf dem Grund des Totemismus, diesem Durchgangsstadium auch für höherstehende Völker, ist nichts anderes als der *Ödipuskomplex* mit seinen beiden Inhalten – Zuneigung zur Mutter und Todeswunsch gegen den väterlichen Rivalen – verborgen wirksam. Und gerade der Kern des Totemismus, jene Totemmahlzeit, in der alljährlich das heiliggehaltene Totemtier kultisch getötet, verzehrt, dann betrauert und schließlich doch mit einem Fest gefeiert wird, macht deutlich, daß die Vatertötung der Ausgangspunkt des Totemismus und damit der Religionsbildung überhaupt ist.

Läßt sich aber ein solcher *Vatermord historisch belegen?* Freud greift hier auf die »Vermutung« Darwins zurück, daß die Menschen anfänglich in Horden lebten: alle Weibchen unter der Herrschaft eines starken, gewalttätigen, eifersüchtigen Männchens (vergleichbar einer Herde von Hirschen). Freud blieb auch später bei dieser in »Totem und Tabu« entwickelten Auffassung, trotz aller Kritik ohne Korrekturen oder Ergänzungen. Er faßt sie in seiner »Selbstdarstellung« wie folgt zusammen: »Der Vater der Urhorde hatte als unumschränkter Despot alle Frauen für sich in Anspruch genommen, die als Rivalen gefährlichen Söhne getötet und verjagt. Eines Tages aber taten sich diese Söhne zusammen, überwältigten, töteten und verzehrten ihn gemeinsam, der ihr Feind, aber auch ihr Ideal gewesen war. Nach der Tat waren sie außerstande, sein Erbe anzutreten, da einer dem anderen im Wege stand. Unter dem Einfluß des Mißerfolgs und der Reue lernten sie, sich miteinander zu vertragen, banden sich zu einem Brüderclan durch die Satzungen des Totemismus, welche die Wiederholung einer solchen Tat ausschließen sollten, und verzichteten insgesamt auf den Besitz der Frauen, um welche sie den Vater getötet hatten. Sie waren nun auf fremde Frauen angewiesen; dies der

Ursprung der mit dem Totemismus eng verknüpften Exogamie. Die Totemmahlzeit war die Gedächtnisfeier der ungeheuerlichen Tat, von der das Schuldbewußtsein der Menschheit (die Erbsünde) herrührte, mit der soziale Organisation, Religion und sittliche Beschränkung gleichzeitig ihren Anfang nahmen.«[54] Also gründet Religion überhaupt im Ödipuskomplex der Gesamtmenschheit!

Damit war für Freud der Ursprung der Religion psychologisch erklärt. Die Religionsbildung ist auf dem Vaterkomplex und seiner Ambivalenz aufgebaut: »Nachdem der Vaterersatz durch das Totemtier verlassen war, wurde der gefürchtete und gehaßte, verehrte und beneidete Urvater selbst das Vorbild Gottes. Der Sohnestrotz und seine Vatersehnsucht rangen miteinander in immer neuen Kompromißbildungen, durch welche einerseits die Tat des Vatermordes gesühnt, andererseits deren Gewinn behauptet werden sollte. Ein besonders helles Licht wirft diese Auffassung der Religion auf die psychologische Fundierung des Christentums, in dem ja die Zeremonie der Totemmahlzeit noch wenig entstellt als *Kommunion* fortlebt.«[55]

Im Unterschied zum Judentum gibt das Christentum den Vatermord zu: Bei Paulus setzt sich nach Freud die Erkenntnis durch, daß wir unglücklich sind, weil wir den Vater-Gott getötet haben. Erst indem Jesus Christus als der Sohn sein Leben hingab, wurden wir von dieser Schuld erlöst. Der Sohn tritt sogar an die Stelle Gottes: »Aus einer Vaterreligion hervorgegangen, wurde das Christentum eine Sohnesreligion. Dem Verhängnis, den Vater beseitigen zu müssen, ist es nicht entgangen.«[56] Die Angst vor dem Urvater hat sich im Christentum in verschiedensten Formen durchgehalten.

Wer nun als heutiger Leser (wie übrigens die meisten damaligen Leser, von psychoanalytischen Kreisen natürlich abgesehen) diese reichlich romanhaft klingende Deutung vom Ursprung der Religion als das eines Wissenschaftlers nicht würdige Phantasieprodukt ansieht, bedenke:

Erstens schreibt Freud in einer Zeit erster Begeisterung für die evolutive Welt- und Religionserklärung, wo man aus Entdeckerfreude Stufen, Phasen, ja konkrete Abläufe der religionsgeschichtlichen Entwicklung kühn entwarf und eine animistische oder totemistische Phase als erste Stufe von Religion noch unbekümmerter vertreten konnte; das freilich änderte sich später.

Zweitens sprach Freud selbst im Rückblick auf die von ihm kombinierten Theorien recht deutlich von »Hypothese«, »Vision«, »Vermutung«, »Versuchung«. Er hielt aber trotz zugegebener historischer Anfechtbarkeit und allgemeiner Kritik auch von Ethnologen und Religionswissenschaftlern an diesen Auffassungen fest. Warum?

Im Grunde war Freud an der historischen Frage nur sekundär interessiert. Im Grunde ging es ihm, wie wir sahen, um eine *von vornherein feststehende Theorie von Religion*, die er dann mit religionsgeschichtlichem Material zu belegen versuchte. Schon bevor er ernsthaft die Quellen primitiver Religion erforschte, hatte er in seinem Artikel über Leonardo da Vinci (1910) bereits das Ergebnis einer psychoanalytischen Deutung von Religion vorweggenommen: »Die Psychoanalyse hat uns den intimen Zusammenhang zwischen dem Vaterkomplex und der Gottesgläubigkeit kennen gelehrt, hat uns gezeigt, daß der persönliche Gott *psychologisch* nichts anderes ist als ein erhöhter Vater, und führt uns täglich vor Augen, wie jugendliche Personen den religiösen Glauben verlieren, sobald die Autorität des Vaters bei ihnen zusammenbricht. Im Elternkomplex erkennen wir so die Wurzel des religiösen Bedürfnisses.«[57]

Die Wurzeln des religiösen Bedürfnisses: Psychologisch gesehen hängt die Frage nach dem Ursprung der Religion mit der nach ihrem Wesen aufs engste zusammen.

Vier Jahre vor seinem Tod – in einer »Nachschrift« zu seiner »Selbstdarstellung« – vermerkt Freud: Im Lauf der vergangenen zehn Jahre sei in seinen Schriften »ein bedeutsamer Unterschied« zu beobachten, der so vieles Vorausgegangene als »Umweg« erscheinen lasse: »Nach dem lebenslangen Umweg über die Naturwissenschaften, Medizin und Psychotherapie war mein Interesse zu jenen kulturellen Problemen zurückgekehrt, die dereinst den kaum zum Denken erwachten Jüngling gefesselt hatten.«[58]

An erster Stelle dieser Probleme seiner Jugend und seines Alters steht die Religion! Freuds religionskritische Hauptschrift *»Die Zukunft einer Illusion«* eröffnet 1927 jene Reihe von Studien, die ihn für den Rest seines Lebens hauptsächlich beschäftigen sollten, darunter »Das Unbehagen in der Kultur« (1930)[59] und schließlich seine letzte große Veröffentlichung, »Der Mann Moses und die monotheistische Religion« (1939)[60]. Auch am Ende der »Neuen Folge der Vorlesungen zur Einführung in die Psychoanalyse« (1933)[61] behandelt Freud die Religion.

Was ist Religion? Was sind – Freud sieht jetzt nicht mehr nur religiöse Riten – »religiöse Vorstellungen«? Darüber gibt Freuds Schrift »Die Zukunft einer Illusion« erschöpfend Auskunft. Neu ist: Religion wird nicht mehr nur als historisches, sondern vor allem als zeitgenössisches soziales Phänomen analysiert. »Religiöse Vorstellungen« sind »Lehrsätze, Aussagen über Tatsachen und Verhältnisse der äußeren (oder inneren) Realität, die etwas mitteilen, was man selbst nicht gefunden hat, und die beanspruchen, daß man ihnen Glauben schenkt.«[62] Doch *worauf gründet sich dieser Anspruch?* Nach Freud erhält man auf diese Frage drei – unter sich widersprüchliche und allesamt unzureichende – Antworten:

Erste Antwort: Wir sollen glauben, ohne Beweise zu verlangen!? Freuds Gegenfrage: Warum? Etwa deshalb, weil man sich der Unsicherheit, der Unbegründetheit des eigenen Anspruchs im Grunde bewußt ist?

Zweite Antwort: Wir sollen glauben, weil unsere Ahnen geglaubt haben!? Gegenfrage: Haben sie nicht vieles geglaubt, was wir heute unmöglich noch glauben können?

Dritte Antwort: Wir sollen glauben, weil uns Beweise aus der Vorzeit überliefert sind!? Gegenfrage: Stammen diese Beweise nicht aus unzuverlässigen, widerspruchsvollen, überarbeiteten, verfälschten Schriften, die sich zwar auf göttliche Offenbarung berufen, gerade darin aber unbeglaubigt sind? Und wer Beweise aus der Gegenwart, etwa die der Spiritisten, anführt: Sind die von diesen beschworenen großen Geister samt ihren nichtssagenden, albernen Auskünften ihren Beschwörern nicht so ähnlich, daß sie leicht durchschaut werden können: als psychische Produktionen der Beschwörer selbst, die keine Beweise einer leibunabhängigen geistigen Wirklichkeit (unsterbliche Seele) sind?

Das »sonderbare Ergebnis«: Die bedeutungsvollsten Aussagen, die uns die Rätsel der Welt lösen und uns mit allem Leid versöhnen sollen, haben »die allerschwächste Beglaubigung«[63]! Sie sind und waren offensichtlich schon immer unbeweisbar.

Und doch fragt man sich: Steckt hinter der Religion überhaupt keine Realität? Haben religiöse Vorstellungen nicht trotz mangelnder Beglaubigung allerstärksten Einfluß auf die Menschen ausgeübt? Woher dann diese Kraft? Nun, auch diese Frage muß psychologisch angegangen werden: die psychische Genese der Religion erklärt ihr Wesen. Das anhand von Träumen und neurotischen Symptomen entdeckte Modell der Wunscherfüllung wendet Freud jetzt auf das Phänomen Religion an! Was wir schon früher von ihm gehört haben, verstehen wir nun – nach allen tiefen Einsichten in die Struktur des Unbewußten, der Triebe und der Träume – sehr viel besser, und wir unterstreichen es jetzt: *Religiöse Vorstellungen sind* »nicht Niederschläge der Erfahrung oder Endresultate des Denkens«, sondern »*Illusionen, Erfüllungen der ältesten, stärksten, dringendsten Wünsche der Menschheit*; das Geheimnis ihrer Stärke ist die Stärke dieser Wünsche.«[64] Welcher Wünsche? Der Wünsche des kindlich hilflosen Menschen nach Schutz vor den Gefahren des Lebens, nach Erfüllung der Gerechtigkeit in dieser ungerechten Gesellschaft, nach der Verlängerung der irdischen Existenz durch ein zukünftiges Leben, nach Wissen um die Entstehung der Welt und der Beziehung zwischen Körperlichem und Seelischem ... Es geht also nach Freud um Projektionen, die Abhängigkeit von Feuerbach ist offenkundig: »Die unklare innere Wahrnehmung des eigenen psychischen Apparates regt zu Denkillusionen an, die natürlich nach außen projiziert werden und charakteristischerweise in die Zukunft und in ein Jenseits. Die Unsterblichkeit, die Vergeltung, das ganze Jenseits sind solche Darstellungen unseres psychischen Inneren... Psychomythologie.«[65]

Doch alle diese Wünsche sind *infantile Wünsche*: begründet in den »nie ganz überwundenen Konflikten der Kindheit aus dem Vaterkomplex«[66]. Konflikte der Kindheit im doppelten Sinn: Kindheit des menschlichen Individuums und Kindheit der menschlichen Gattung. Konflikte also schon aus der Frühzeit der Menschheit; denn die Kindheit des einzelnen ist ja ein Abbild der Kindheit der Menschheit, die Ontogenese des menschlichen Individuums ein Abbild der Phylogenese der menschlichen Gattung! In beiden Fällen ist die Vatersehnsucht die Wurzel der religiösen Bedürfnisse, in beiden Fällen spielt der Ödipuskomplex die zentrale Rolle. Freud hat also in »Zukunft einer Illusion« die in »Totem und Tabu« gegebene historisch-ethnologische Erklärung von Totemismus und Religion nicht etwa widerrufen. Er hat sie vielmehr verstärkt: durch den Akzent auf der *kindlichen Hilflosigkeit des Menschen* und der Menschheit angesichts der übergroßen Gefahren von außen und aus dem eigenen Inneren. Was hat diese Hilflosigkeit mit Religion zu tun?

Die Kultur ist es, die dem einzelnen die religiösen Vorstellungen schafft, verschafft. Gleich allen anderen kulturellen Errungenschaften stammt auch die Religion aus der Notwendigkeit, sich gegen die Übermächte der Natur, des Schicksals zu verteidigen. Wie? Indem der ohnmächtige Mensch sich in seiner Rat- und Hilflosigkeit mit diesen Übermächten in Verbindung zu setzen und sie zu beeinflussen, kurz, sie in naiver Kindlichkeit zu vermenschlichen, zu personifizieren versucht. Da er aber mit diesen bedrohlichen Übermächten doch nicht wie mit seinesgleichen verkehren kann, erhalten sie väterliche Züge; Schutzbedürfnis und Vatersehnsucht erweisen sich so als identisch. Das bedeutet: Der ohnmächtige Mensch schafft sich Götter, gleichzeitig zu fürchtende und zu gewinnende. Ambivalente Naturgötter der Furcht und des Trostes.

Doch selbst bei allmählicher Einsicht des Menschen in die Regel- und Gesetzmäßigkeiten der Naturerscheinungen verlieren diese Götter ihre Funktion nicht. Denn: »Die Hilflosigkeit der Menschen bleibt und damit ihre Vatersehnsucht und die Götter.«[67] Die *Götter* behalten die *dreifache Aufgabe*: Sie sollen die Schrecken der Natur bannen, sollen mit Schicksal und Tod versöhnen, sollen – jede Kultur gründet auf Arbeitszwang und Triebverzicht – für alles Leiden und Entbehren im kulturellen Zusammenleben entschädigen. Mit der wachsenden Kenntnis der Naturgesetze konzentrieren die Menschen ihre religiösen Vorstellungen allerdings auf diese dritte, moralische Funktion: Die Götter sollen den Menschen einen höheren Lebenszweck bieten, eine weltüberlegene Intelligenz oder Vorsehung, eine göttliche Sanktionierung der Moralgesetze, ein Leben nach dem Tode. So wird den Menschen die Weisheit, Allgüte und Gerechtigkeit, ja schließlich – bei den Juden – die Einzigkeit des göttlichen Wesens deutlich. Erst jetzt, gegenüber dem einen Gott, kann ein richtiges Kind-Vater-Verhältnis entstehen. Für jene Menschen, die die Sittenvorschriften zur Regelung zwischenmenschlicher Beziehungen nicht zu verinnerlichen vermochten, bedeutet die Androhung göttlicher

Strafen eine zusätzliche Motivation. Für die anderen aber ist solche Strafandrohung nicht mehr notwendig; im Gegenteil: wenn diese über die ursprünglichen elementaren Gebote hinaus (Verbot von Mord, Inzest) auf alle möglichen kleinen Einzelvorschriften ausgedehnt wird, ist sie sogar schädlich.

So also entstand Religion aus den ältesten, stärksten, dringendsten Wünschen der Menschheit: *Religion ist Wunschdenken, Illusion!* Illusion heißt: Religion ist jedenfalls nicht bewußte Lüge im moralischen Sinn und auch nicht – Freud betont das – Irrtum im erkenntnistheoretischen Sinn; Religion ist nicht notwendig illusorisch im Sinn von unrealistisch oder im Widerspruch mit der Realität. Illusion, das ist für sie charakteristisch, ist von dem Bedürfnis Wunscherfüllung motiviert, also ein Produkt des Sinnlich-Triebhaften, das zu seiner Entzifferung der angewandten psychologischen Entschlüsselungstechnik bedarf.

Für Freud sind sämtliche religiösen Lehren Illusionen: unbeweisbar, und deshalb darf niemand gezwungen werden, daran zu glauben. Freilich sind sie zugleich auch unwiderlegbar. Aber deshalb noch längst nicht glaubwürdig! Sind doch manche von ihnen, psychologisch gesehen, derart unwahrscheinlich, daß sie Wahnideen vergleichbar sind (Freuds alte Idee von den Riten als Zwangshandlungen, ausgeweitet auf religiöse Doktrinen). Religiöse Lehren sind indessen von Wahnideen verschieden, insofern sie, wie gesagt, nicht notwendig falsch sein müssen: Es könnte ja sein, daß . . . !

Man beachte also wohl: Freud beschäftigt sich nur mit der psychologischen Natur der religiösen Vorstellungen (als Illusionen), nicht mit ihrem Wahrheitsgehalt (als Wirklichkeit). »Es liegt nicht im Plan dieser Untersuchung, zum Wahrheitswert der religiösen Lehren Stellung zu nehmen. Es genügt uns, sie in ihrer psychologischen Natur als Illusionen erkannt zu haben.«[68] Freilich verhehlt Freud nicht, daß die psychologische Ableitung der Religion seine Einstellung zu ihrem Wahrheitsgehalt mächtig beeinflußt habe, besonders nachdem man heutzutage ungefähr wisse, zu welchen Zeiten und aus welchen Motiven bestimmte religiöse Lehren entstanden seien: »Wir sagen uns, es wäre ja sehr schön, eine sittliche Weltordnung und ein jenseitiges Leben, aber es ist doch sehr auffällig, daß dies alles so ist, wie wir es uns wünschen müssen. Und es wäre noch sonderbarer, daß unseren armen, unwissenden, unfreien Vorvätern die Lösung all dieser schwierigen Welträtsel geglückt sein sollte.«[69]

Erziehung zur Realität

Wäre es aber nicht schlimm, *wenn Religion*, die der Kultur so große Dienste geleistet hat, *verschwände?* Könnte der Mensch ohne den Trost der Religion überhaupt die oft grausamen Härten des Lebens ertragen? Die Religion – das ist Freuds kühle Antwort – hatte durch die Jahrtausende Zeit zu zeigen, was sie zur Beglückung der Menschen zu leisten vermochte. Offensichtlich nicht genug; denn die Mehrzahl der Menschen in dieser Kultur ist immer noch unglücklich. Aber war Religion nicht Stütze der Sittlichkeit? Gewiß, aber gleichzeitig auch Stütze der Unsittlichkeit! Denn um die Unterwürfigkeit der Massen gegenüber der Religion zu erhalten, machte man der menschlichen Triebnatur große Zugeständnisse.

Doch in unserer Zeit nimmt der Einfluß der Religion immer mehr ab. Der Grund ist »die Erstarkung des wissenschaftlichen Geistes in den Oberschichten der menschlichen Gesellschaft«: »Die Kritik hat die Beweiskraft der religiösen Dokumente angenagt, die Naturwissenschaft die in ihnen enthaltenen Irrtümer aufgezeigt, der vergleichenden Forschung ist die fatale Ähnlichkeit der von uns verehrten religiösen Vorstellungen mit den geistigen Produktionen primitiver Völker und Zeiten aufgefallen ... In diesem Prozeß gibt es keine Aufhaltung.«[70] Die Religion als die letztlich aus dem Ödipuskomplex stammende allgemeine menschliche Zwangsneurose verschwindet nach Freud unerbittlich.

Will man indessen den Gefahren eines solchen Auflösungsprozesses vor allem für die Moral der ungebildeten und unterdrückten Massen vorbeugen, braucht es eine gründliche Revision der Beziehungen zwischen Kultur und Religion: eine neue, rational begründete Weltanschauung, die Gott aus dem Spiele läßt und den rein menschlichen Ursprung aller kulturellen Einrichtungen und Vorschriften eingesteht. Also: eine rein rationale Begründung des Mordverbots und aller Kulturvorschriften – nicht aus göttlicher Offenbarung, sondern aus sozialer Notwendigkeit! So übermächtig unsere Gefühle, unsere Triebwünsche sind, müssen sie beherrscht werden: durch die Intelligenz, die Vernunft, welche nicht mehr durch frühe Dressur, religiöse Denkverbote und sexuelle Denkhemmungen verkümmern darf. Man versuche es deshalb mit der areligiösen Erziehung! Nur versuche man nicht, Religion gewaltsam und mit einem Schlag aufzuheben!

»*Erziehung zur Realität*«: Religion, für den einzelnen Menschen wie für die Menschheit insgesamt, ist eine pubertäre Durchgangsphase der Menschheitsentwicklung. Weder als Individuum noch als Gattung kann der Mensch ewig Kind bleiben. Er muß erwachsen werden, muß aus eigener Kraft und mit Hilfe der Wissenschaft die Wirklichkeit bewältigen und zugleich die unabwendbaren Schicksalsnotwendigkeiten mit Ergebung ertragen lernen. Den Himmel Engeln und Spatzen überlassen (Freud zitiert des »Unglaubensgenossen« Heinrich Heine »Deutschland, ein Wintermärchen«), die Erwartungen vom Jenseits abziehen und alle freigewordenen Kräfte aufs irdische Leben konzentrieren: das ist die Aufgabe des reifen, des erwachsenen Menschen! »Was soll ihm die Vorspiegelung eines Großgrundbesitzes auf dem Mond, von dessen Ertrag doch niemand je etwas gesehen hat?«[71]

Zugegeben: Auch auf diesem rationalen Weg mag man sich Illusionen machen. Aber diese Illusionen sind nicht unkorrigierbar, sind nicht wahnhaft wie die religiösen. Auf die Dauer kann der Mensch Vernunft und Erfahrung nicht widerstehen, und der Widerspruch der Religion zu beidem ist eklatant. Nein, die Stimme der Vernunft vermag sich doch gegen alle Unvernunft Gehör zu verschaffen; unser Gott Logos verwirklicht allmählich die von der Natur gestatteten Wünsche; der *Glaube an die Wissenschaft*, an das durch verifizierbare Erfahrung erworbene Wissen, gibt einen Halt, der dem Gottgläubigen fehlt: »Wir glauben daran, daß es der wissenschaftlichen Arbeit möglich ist, etwas über die Realität der Welt zu erfahren, wodurch wir unsere Macht steigern und wonach wir unser Leben einrichten können. Wenn dieser Glaube eine Illusion ist, dann sind wir in derselben Lage wie Sie, aber die Wissenschaft hat uns durch zahlreiche und bedeutsame Erfolge den Beweis erbracht, daß sie keine Illusion ist.«[72] Am Ende seiner Schrift wiederholt es Freud mit ungewohntem Pathos: »Nein, unsere Wissenschaft ist keine Illusion. Eine Illusion aber wäre es zu glauben, daß wir anderswoher bekommen könnten, was sie uns nicht geben kann.«[73]

Ein halbes Jahrhundert später kommt Freud in der »Neuen Folge der Vorlesungen zur Einführung in die Psychoanalyse« (1933) auf das Verhältnis von Religion und Wissenschaft zurück: im letzten Kapitel »Über eine Weltanschauung«. Ist die Psychoanalyse etwa selber eine Weltanschauung? Freuds Antwort ist eindeutig negativ, wie er am Ende zusammenfaßt: »Die Psychoanalyse, meine ich, ist unfähig, eine ihr besondere Weltanschauung zu erschaffen. Sie braucht es nicht, sie ist ein Stück Wissenschaft und kann sich der wissenschaftlichen Weltanschauung anschließen.«[74]

Aber gerade *dieser wissenschaftlichen Weltanschauung größter Gegner* ist *die Religion*: »Von den drei Mächten, die der Wissenschaft Grund und Boden bestreiten können, ist die Religion allein der ernsthafte Feind.«[75] Nicht die Kunst, nicht die Philosophie, sondern die Religion ist die »ungeheure Macht, die über die stärksten Emotionen der Menschen verfügt« und »eine Weltanschauung von unvergleichlicher Folgerichtigkeit und Geschlossenheit geschaffen hat, die, wiewohl erschüttert, heute noch fortbesteht«[76]. Nie hat Freud so deutlich vom »großartigen Wesen der Religion« geredet und von dem, »was sie den Menschen zu leisten unternimmt«, indem sie gleichzeitig drei Funktionen erfüllt: »Sie gibt ihnen Aufschluß über Herkunft und Entstehung der Welt, sie versichert ihnen Schutz und endliches Glück in den Wechselfällen des Lebens und sie lenkt ihre Gesinnungen und Handlungen durch Vorschriften, die sie mit ihrer ganzen Autorität vertritt.«[77] Also zugleich Belehrung, Tröstung und Forderung.

Aber nie hat Freud auch so kompakt wie hier die Religion der Kritik unterzogen, indem er das, was er 20 Jahre zuvor in der Totem-Schrift und 6 Jahre zuvor in der Illusions-Schrift gesagt hatte, mit geballter Kraft und systematischer Konsequenz umgreift und ausweitet. Das Resultat: »Das zusammenfassende Urteil der Wissenschaft über die religiöse Weltanschauung lautet also: Während die einzelnen Religionen miteinander hadern, welche von ihnen im Besitz der Wahrheit sei, meinen wir, daß der Wahrheitsgehalt der Religion überhaupt vernachlässigt werden darf. Religion ist ein Versuch, die Sinneswelt, in die wir gestellt sind, mittels der Wunschwelt zu bewältigen, die wir infolge biologischer und psychologischer Notwendigkeiten in uns entwickelt haben. Aber sie kann es nicht leisten. Ihre Lehren tragen das Gepräge der Zeiten, in denen sie entstanden sind, der unwissenden Kinderzeiten der Menschheit. Ihre Tröstungen verdienen kein Vertrauen. Die ethischen Forderungen, denen die Religion Nachdruck verleihen will, verlangen vielmehr eine andere Begründung, denn sie sind der menschlichen Gesellschaft unentbehrlich und es ist gefährlich, ihre Befolgung an die religiöse Gläubigkeit zu knüpfen. Versucht man, die Religion in den Entwicklungsgang der Menschheit einzureihen, so erscheint sie nicht als ein Dauererwerb, sondern als ein Gegenstück der Neurose, die der einzelne Kulturmensch auf seinem Weg von der Kindheit zur Reife durchzumachen hat.«[78]

Gegen jegliche Religion erklärt sich Freud für eine »wissenschaftliche Weltanschauung«. Freilich mit einem gehörigen Schuß Skepsis, denn so endet – nach kurzer Auseinandersetzung auch mit Nihilismus und Marxismus – die »Neue Folge« seiner Einführungsvorlesungen in die Psychoanalyse: »Eine auf die Wissenschaft aufgebaute Weltanschauung hat außer der Betonung der realen Außenwelt wesentlich negative Züge, wie die Bescheidung zur Wahrheit, die Ablehnung der Illusionen. Wer von unseren Mitmenschen mit diesem Zustand der Dinge unzufrieden ist, wer zu seiner augenblicklichen Beschwichtigung mehr verlangt, der mag es sich beschaffen, wo er es findet. Wir werden es ihm nicht verübeln, können ihm nicht helfen, aber auch seinetwegen nicht anders denken.«[79]

Ist es nun aber nach dieser vernichtenden Kritik nicht erstaunlich, daß Freud, inzwischen 80jährig, die Religion trotz allem noch weiterer, intensiver Studien würdigt, ja ihr geradezu den Großteil der letzten fünf Jahre seines Lebens widmet? Daß er sich erneut auf die Ursprünge der jüdischen und der christlichen Religion besinnt, um jetzt nicht nur die psychologische, sondern die historische Wahrheit gerade der monotheistischen Religion herauszustellen: wie auch diese auf der unbewußten Erinnerung an tatsächliche Ereignisse beruht? Dabei stützt er sich, im übrigen mit vielen Zweifeln, auf höchst gewagte Rekonstruktionen der Mose-Legende, nach welcher Mose ein Ägypter war, der den monotheistischen Glauben des Pharao Echnaton angenommen hatte, zu dem er die Juden bekehrte, um dann in einem Aufruhr erschlagen zu werden, was im jüdischen Volk dauerndes unbewußtes Schuldgefühl zurückließ... Der Mord des Propheten in der monotheistischen Religion entspricht dem Mord des Urvaters im Totemismus und dem Mord des Gottessohnes im Christentum: alles Auswirkungen des Ödipuskomplexes.

Ursprünglich als »Der Mann Moses. Ein historischer Roman« betitelt, wurde dieses Werk in drei getrennten Abhandlungen veröffentlicht; ein Teil der letzten in seinem Auftrag von seiner Tochter Anna auf dem Pariser Internationalen Psychoanalytischen Kongreß 1938 verlesen. Das Buch erschien unter dem Titel »Der Mann Moses und die monotheistische Religion« im folgenden Jahr 1939. Es war Freuds Todesjahr.

2. Freud in der Kritik

Freud selbst hat sich in seiner religionskritischen Hauptschrift die Frage gestellt, »ob die Veröffentlichung dieser Schrift nicht doch jemand Unheil bringen könnte. Zwar keiner Person, aber einer Sache, der Sache der Psychoanalyse«[1]. In der Tat ist die Psychoanalyse in der Öffentlichkeit nicht zuletzt unter dem Einfluß der Kirchen lange Zeit mit Areligiosität und Sexualismus gleichgesetzt worden: Auflösung von Religion, Ordnung, Sitte.

Aber gegen allen zu erwartenden »Lärm« der Gegner und alle Unannehmlichkeiten für seine Mitarbeiter – »von denen manche meine Einstellung zu den religiösen Problemen überhaupt nicht teilen« – hält Freud daran fest: »In Wirklichkeit ist die Psychoanalyse eine Forschungsmethode, ein parteiloses Instrument, wie etwa die Infinitesimalrechnung... Kann man aus der Anwendung der psychoanalytischen Methode ein neues Argument gegen den Wahrheitsgehalt der Religion gewinnen, *tant pis* für die Religion, aber Verteidiger der Religion werden sich mit demselben Recht der Psychoanalyse bedienen, um die affektive Bedeutung der religiösen Lehre voll zu würdigen.«[2] Das ist tatsächlich geschehen. Und nicht zuletzt die unterschiedliche Einstellung zu Sexualität und Religion war es, die Freud und seine Freunde, die vor allem Freud, Adler und Jung auseinander und gegeneinander gebracht hat.

»Tiefenpsychologie«: den Ausdruck verdanken wir (ebenso wie »Schizophrenie« und »Ambivalenz«) dem bekannten Zürcher Psychiater Eugen Bleuler, dem Lehrer Jungs. Gemeinsam war und bleibt Freud, Adler und Jung – dem berühmten »Dreigestirn der Tiefenpsychologie« – im Unterschied zu allen früheren Psychologen die theoretische wie praktische Bemühung um die »Tiefe« menschlicher Psyche, um den »Untergrund« menschlichen Verhaltens: also um das Unbewußte, das – vor allem durch die Traumanalyse, aber immer mehr auch durch andere therapeutische Methoden, besonders die verschiedenen Tests – wissenschaftlich erfaßt, methodisch zugänglich gemacht und therapeutisch erschlossen werden soll. Eine entscheidende Vertiefung unserer Einsicht in die menschliche Wirklichkeit, mit kaum überschaubaren Auswirkungen für Mensch und Gesellschaft, nicht nur für die Medizin, Psychiatrie und Psychologie, sondern auch für die Pädagogik, die Humanwissenschaften, die Religionswissenschaft und das menschliche Verhalten überhaupt! Aber Freuds Theorie hatte sehr ernsthafte Fragen aufgeworfen, gerade auch für seine eigenständigen Freunde: Ist es richtig, daß das Unbewußte so stark negativ gefaßt wird, lediglich als Reservoir verdrängter Wünsche? Ist es richtig, den Trieb mechanistisch nur unter dem Gesichtspunkt der Kausalität zu betrachten? Ist es richtig, alle Intentionen neben dem Selbsterhaltungstrieb auf sexuelle Wünsche, auf die Libido zurückzuführen, auch wenn man »sexuell« mit Freud in einem umfassenderen Sinn versteht? Ist es richtig, die individuelle Struktur der Psyche nur retrospektiv, von vergangenen Ereignissen her, statt prospektiv, vom selbst gesteckten (oder übernommenen) Sinn und Ziel des Lebens her zu verstehen?

1911 hielt der praktische Arzt *Alfred Adler* (1870–1937) – auch er wie Freud jüdischer Abstammung, aber entschiedener Sozialist und späterer Freund Trotzkis, seit einem guten Jahrzehnt Mitglied des Freudschen Freundeskreises und jetzt Vorsitzender der Wiener Gruppe der Psychoanalytischen Vereinigung – vier Vorträge: »Zur Kritik der Freudschen Sexualtheorie«[3]. Sie führten zu seiner und weiterer sieben Ärzte »Exkommunikation« aus dem Kreis um Sigmund Freud. Ein Jahr später begründete Adler mit seinem Werk »Über den nervösen Charakter«[4] die mit seinem Namen künftig verbundene »*Individualpsychologie*«, die das un-teilbare, freie, zielgerichtete, für sein Tun verantwortliche »In-dividuum« zum Gegenstand ihrer Lehre und zum Ziel ihrer psychotherapeutischen Praxis (und dann vor allem auch der Pädagogik) hat. Anders als der analysierend zergliedernde Freud ist Adler mehr auf die Ganzheit des Menschen und den Entwurf seines Lebensplanes in dieser Welt ausgerichtet.

Für Adler ist Ausgangspunkt seiner wissenschaftlichen Theorie und erklärendes Prinzip der seelischen Störungen nicht der Konflikt zwischen Ich und Sexualtrieb, sondern das Streben nach Überwindung, das sich ebenfalls schon im Kind findet, wenn es baut und zerstört und um Anerkennung der Erwachsenen ringt: das »Streben nach Macht«, wie Adlers bedeutendster Schüler Fritz Künkel dann sagt. Von der Untersuchung der »Minderwertigkeit von Organen«[5] war Adler zur Entdeckung des »Gefühls der Minderwertigkeit«[6] gekommen. Neurosen sind von daher nicht kausal als Folge frühkindlicher und unbewußt nachwirkender Traumata zu interpretieren, sondern final als Ausdruck eines »Minderwertigkeitsgefühls«, das ständig durch neue negative Lebenserfahrungen, die den Menschen am Erreichen seiner Ziele hindern, genährt und durch den »Geltungstrieb« »kompensiert« und oft »überkompensiert« wird. Gegenüber den zahllosen Fehlanpassungen, deren gemeinsames Charakteristikum die »Ich-Zentrierung« (»Ichhaftigkeit«) des gesamten menschlichen Erlebens und Verhaltens ist, stellt Adler als echten Normalzustand heraus: Zentrierung auf die Gruppe im »Gemeinschaftsgefühl« (»soziales Interesse«) und auf die jeweils gestellte Aufgabe (Forderung des »Vollkommenheitsstrebens« oder nach F. Künkel der »Sachlichkeit«). Kein Glück des Individuums auf Kosten anderer, sondern – ohne es erjagen oder erzwingen zu wollen – nur gemeinsam mit ihnen! Überwindung des »Minderwertigkeitsgefühls« durch das »Gemeinschaftsgefühl«! Mit diesem Ziel eine »vergleichende Individual- und Gemeinschaftspsychologie«[7]!

Carl Gustav Jung (1875–1961), aufgrund seiner experimentellen Untersuchungen der gefühlsbetonten Komplexe[8] ein bekannter Psychiater schon vor seiner Zusammenarbeit mit Freud (seit 1907), trennte sich ein Jahr nach Adler ebenfalls von Freud: weil er dessen Sexualtheorie und Libidoverständnis ablehnte, wie er in seinem frühen Werk »Wandlungen und Symbole der Libido« (1912)[9] darstellt. 1914 trat Jung als Präsident der Internationalen Psychoanalytischen Gesellschaft zurück und schied später ganz aus. In der Folge versuchte er, durch größere Differenziertheit und umfassendere Weite die Einseitigkeiten Freuds und Adlers zu überwinden und die menschliche Psyche – diese Gesamtheit aller psychischen, bewußten wie unbewußten Vorgänge – in der ganzen Komplexität und Totalität ihrer Beziehungen und Möglichkeiten zu analysieren. Er nennt seine Theorie deshalb im Gegensatz zu Freuds »Psychoanalyse« und Adlers »Individualpsychologie« die »*Analytische*« bzw. »*Komplexe Psychologie*«.

Libido darf nach Jung nicht ausschließlich als (noch so weit verstandener) Sexualtrieb des Menschen angesehen werden. Vielmehr ist sie aufzufassen als undifferenzierte psychische Energie, die vor allem durch die Gesetze der Erhaltung der Energie und der Entropie, durch Kausalität, aber auch durch Finalität bestimmt ist und die den vier verschiedenen seelischen Prozessen (Denken, Fühlen, Empfinden, Intuieren) zugrundeliegt. Vier fundamentale psychische Funktionsweisen sind demnach zu unterscheiden: als rationale, wertende Funktionen das Denken (wahr oder falsch?) und das Fühlen (angenehm oder unangenehm?); als irrationale, rein wahrnehmende Funktionen das Empfinden (äußere Gegebenheiten) und das Intuieren (das Innere, Hintergründige, Eigentliche). Zugleich sind zwei fundamentale Einstellungs- oder Reaktionsweisen des Menschen zu beachten: ein Mensch ist entweder extravertiert (vor allem von objektiven Faktoren bestimmt) oder introvertiert (vor allem von subjektiven Faktoren bestimmt). Aufgrund dieser verschiedenen Funktions- und Reaktionsweisen gelangt Jung zu acht »psychologischen Typen«[10]: dem extravertierten oder introvertierten Denk-, Fühl-, Empfindungs-, Intuitionstypus. Bei jedem dieser Typen ist eine Funktion die »superiore Funktion« (z. B. das Denken); ihr steht als Gegenpol die »minderwertige Funktion« (z. B. das Fühlen) gegenüber, die jedoch im Unbewußten stark ist und (besonders in der zweiten Lebenshälfte) kompensatorisch zum Ausgleich drängt, während die anderen beiden Funktionen »Hilfsfunktionen« darstellen.

Nach Jung soll auch die dunkle Seite der Seele, ihr »Schatten«, bewußtgemacht, »angenommen« und in die personale Verantwortung einbezogen werden, soll auch der andersgeschlechtliche Personanteil (für den Mann die »Anima«, für die Frau der »Animus«) in uns differenziert und realisiert werden, soll die »Persona«, das Gesicht, das wir (als Schutz oder Maske) anderen zeigen, in die richtige Beziehung zu unserem Ich gesetzt werden. Nur so entwickelt der Mensch im Prozeß der Selbstwerdung (Individuation) sein individuelles Selbst, das für die Integration und Stabilität der Persönlichkeit verantwortlich ist: die Einheit der Person in echter Verbindung von Bewußtsein und Unbewußtem. Störungen dieses Individuationsprozesses sind Neurosen.

Adlers und Jungs Korrekturen und Weiterführungen – für das Verständnis der Religion wichtig – sind hier zur Kenntnis zu nehmen. Dabei kann es nicht unsere Aufgabe sein, zwischen Freud, Adler und Jung, beziehungsweise ihren Schulen, zu richten oder die Rückwirkungen Adlers und Jungs auf Freud zu untersuchen. Es müßte sonst zum Beispiel ausgeführt werden: wie Freud, der fast von Anfang an zwischen Sexual- und Selbsterhaltungstrieb (später: Ichtrieb) unterschied, aber nur den Sexualtrieb ausführlich untersuchte und erst später (Adler verdeckt rechtgebend) der Aggressivität dieser Triebe Beachtung schenkte; wie er schließlich nach erneuter Modifikation seiner Trieblehre den Phänomenen der Aggression und Destruktivität einen fundamentalen und eigenständigen Rang einräumte, indem er die beiden Triebklassen Lebenstrieb (Libido) und Todestrieb (Destruktion, Aggression) unterschied, die großen Mächte Eros und Thanatos[11].

Es kann insbesondere nicht unsere Aufgabe sein, die spezifischen Themen der Individualpsychologie *Adlers* zu diskutieren: etwa die Überängstlichkeit der Mutter und die Verzärtelung des Kindes; die Entthronung des Erstgeborenen und der Kampf der Geschwister; der schon in der Kindheit vorhandene Entwurf eines Lebensplanes, hin auf ein fiktives Lebensziel; der Aufstand der Frau im »männlichen Protest«; das Geltungsstreben als Überwindungsversuch des menschlichen Unsicherheits- und Minderwertigkeitsgefühls... Und es kann auch nicht unsere Aufgabe sein, uns in den Streit um bestimmte tiefenpsychologische Lehren *Jungs* einzumischen: neben den genannten vor allem die Lehren vom individuellen und kollektiven Unbewußten, von den Archetypen, von den Symbolen und Mythen... Wichtig für unsere Betrachtung ist allein die *Problematik der Religion*: und gerade darin unterscheiden sich sowohl Adler wie Jung entscheidend von Freud.

Adler geht in seiner Analyse der Religion nicht vom Vaterkomplex aus. Ja, Adler setzt sich sogar in deutlicher Anspielung von der »Triebpsychologie« Freuds ab: In dieser »mechanistischen Anschauung« sieht er eine »Illusion«, da sie »ziel- und richtungslos ist«[12].

Adler geht in seiner Bestimmung der Religion vielmehr vom »konstanten Minderwertigkeitsgefühl der bedürftigen

Menschheit« aus. Die »Gottheit« – so Adler – ist »bis auf den heutigen Tag die glänzendste Manifestation des Zieles der Vollkommenheit« des Menschen. Das heißt: »Die Gottesidee und ihre ungeheure Bedeutung für die Menschheit kann vom individualpsychologischen Standpunkt aus verstanden, anerkannt und geschätzt werden als Konkretisierung und Interpretation der menschlichen Anerkennung von Größe und Vollkommenheit und als Bindung des einzelnen wie der Gesamtheit an ein in der Zukunft liegendes Ziel, das in der Gegenwart durch Steigerung der Gefühle und Emotionen den Antrieb erhöht.«[13]

Damit wird deutlich: Religion und Individualpsychologie kommen für Adler im »Ziel der Vollkommenheit der Menschheit« zusammen. Adler kann tolerant gegenüber der Religion sein, insofern sie diesem Ziel dient: »Ich würde jede Strömung als wertvoll gelten lassen, die in ihrem letzten Ziel das Wohl der Gesamtheit garantiert.«[14] Dies ist die Auskunft eines Mannes, der seine Individualpsychologie als die »Erbin aller großen Menschheitsbewegungen«[15] versteht. Denn dies ist für Adler bei aller Toleranz gegenüber der Religion klar: Gott ist eine Idee, wenn auch die höchste und größte Idee der Menschheit, die Idee der Vollkommenheit, nach der der Mensch sich sehnt. Letzte Wirklichkeit aber ist auch für Adler der Mensch: Der Mensch ist Mittelpunkt der Wirklichkeit, und Aufgabe der Individualpsychologie ist es, den Menschen »zum Mittelpunkt zu machen«[16]. Damit ist der Menschheit das Ziel, wenn auch ein unerreichbares, gesteckt für die gewaltige Entwicklung zu ihrem ständigen Aufstieg: »Ob einer das höchste wirkende Ziel als Gottheit benennt oder als Sozialismus oder« – wie Adler – »als reine Idee des Gemeinschaftsgefühls..., immer spiegelt sich darin das machthabende, Vollendung verheißende, gnadenspendende Ziel der Überwindung.«[17]

Das hier sichtbar werdende Problem hat Ernst Jahn, Schüler Adlers und Theologe, klar erkannt, wenn er in Erwiderung auf Adler schreibt: »Hier ist die Frage: Idee, Ziel oder Wirklichkeit? nicht völlig geklärt. Für die christliche Deutung ist Gott weder Idee noch Ziel. Gott ist Wirklichkeit. Idee und Ziel lassen sich durch die Kraft des menschlichen Denkens bestimmen. Aber das Sein Gottes ist nicht an menschliche Denkvorgänge gebunden. Gott ist kein Denkergebnis. Gott ist überwältigende Wirklichkeit.«[18] Freilich: Woher weiß Jahn das so sicher? Für den Psychologen Adler ist »Gott... ein Geschenk des Glaubens«[19]. Dem Glauben fehlt zwar nicht wie der Psychoanalyse Freuds »das Leben bedeutende Ziel«, wohl aber – weil Gott nicht wissenschaftlich erweisbar ist – der »kausale Unterbau«[20]. Für den Theologen Jahn ist umgekehrt »der Glaube... ein Geschenk Gottes«[21]! Aber: Ist nicht gerade dies Wunschdenken? Die radikale Frage Freuds ist noch nicht beantwortet.

Jung distanziert sich ausdrücklich vom Atheismus der Illusions-Schrift Freuds: »Freud steht dabei auf dem Standpunkt eines rationalistischen Materialismus der naturwissenschaftlichen Weltanschauung des ausgehenden 19. Jahrhunderts«[22], sagt der um eine Generation Jüngere. Zur Zeit von Freuds Illusions-Schrift wendet er sich deutlich gegen »den ärztlichen Übergriff ins Weltanschauungsgebiet, zu dem sich der Arzt naiverweise berechtigt glaubt (siehe Erklärung religiöser Prozesse als Sexualsymptomatologie oder als infantile Wunschphantasie)«[23]. Während Freud die Religion als solche kompromißlos ablehnt und Adler sie wohlwollend toleriert, steht Jung ihr grundsätzlich freundlich gegenüber. Doch wie weit geht diese Freundlichkeit?

Jung ist der einzige unter den dreien, der sich ernsthaft in die psychologische Dimension der religiösen Glaubensinhalte selbst vertieft: Gotteslehre (Dreieinigkeit), Christologie, Mariologie, Sakramente und besonders Beichte und Meßopfer finden seine Aufmerksamkeit in breiten Studien[24]. Sein Standpunkt ist dabei jedoch ausschließlich psychologisch-phänomenologisch. Das heißt: Er fragt nicht nach der historischen, sondern allein nach der psychologischen Wahrheit: »Wenn die Psychologie z. B. von dem Motiv der jungfräulichen Geburt spricht, so beschäftigt sie sich nur mit der Tatsache, daß es eine solche Idee gibt, aber sie beschäftigt sich nicht mit der Frage, ob eine solche Idee in irgendeinem Sinne wahr oder falsch sei. Die Idee ist psychologisch wahr, insoweit sie existiert. Psychologische Existenz ist subjektiv, insoweit eine Idee nur in einem Individuum vorkommt. Aber sie ist objektiv, insoweit sie durch einen consensus gentium von einer größeren Gruppe geteilt wird.«[25] Doch: läßt sich die psychologische Wahrheit (= psychologische Existenz) so von der tatsächlichen, historischen Wahrheit trennen? Zu Recht bemerkt Erich Fromm kritisch zu Jungs Auffassung von Religion: »Sogar der praktizierende Psychiater kann nicht arbeiten, ohne sich um die Wahrheit einer Idee zu bekümmern... sonst vermöchte er nicht von Selbsttäuschung oder einer paranoiden Verfassung zu sprechen.«[26]

Später ist sich Jung der Grenze seiner psychologischen Methode deutlicher bewußt. Die psychologische Erforschung bedeute keineswegs eine »Psychologisierung, d. h. Vernichtung des Mysteriums«: »Damit, daß eine sogenannte metaphysische Aussage als ein psychischer Vorgang betrachtet wird, ist keineswegs gesagt, daß er ›bloß psychisch‹ sei, wie meine Kritiker sich auszudrücken belieben. Wie wenn mit ›psychisch‹ etwas allgemein Bekanntes festgestellt wäre! Hat es noch niemand gedämmert, daß, wenn wir ›Psyche‹ sagen, damit symbolisch das dichteste Dunkel, das man sich ersinnen kann, angedeutet ist? Es gehört zum Ethos des Forschers, daß er zugeben kann, wo er mit seinem Wissen zu Ende ist. Dieses Ende nämlich ist der Anfang höherer Erkenntnis.«[27] Unklar aber bleibt: Ist Gott ein Teil der menschlichen Psyche, oder ist er unterschieden von ihr?

Jung selber wollte bei aller Skepsis gegenüber dem kirchlichen und konfessionellen Christentum immer Christ bleiben. In seinem letzten Lebensjahr schrieb er an einen belgischen Theologen: »Genau gesagt halte ich mich für einen Christen, bin aber zugleich davon überzeugt, daß das heutige Christentum nicht die letzte Wahrheit darstellt; das beweist die chaotische Situation unserer Zeit. Der augenblickliche Zustand erscheint mir unerträglich, darum erachte ich eine grundlegende Weiterentwicklung des Christentums für absolut notwendig. Meiner Meinung nach müßten die Erkenntnisse der Psychologie des Unbewußten berücksichtigt werden ...«[28]

Adler und Jung haben aus ihrer Sicht der Religion die Religionskritik Freuds in wichtigen Punkten relativiert. Aber auch Jungs freundlichere Einstellung zur Religion läßt die grundsätzliche Frage Freuds nach wie vor offen: Ist Religion bei aller positiven Funktion nicht doch nur Wunschdenken? Ist Gott bei aller psychologischen Bedeutsamkeit der Gottesidee nicht doch eine »bloß psychologische« Wirklichkeit? Oder, im Anschluß an die Worte Jungs: Wenn Gott zweifellos »psychologisch existent« ist (eine »psychologische Wahrheit«) – subjektiv im menschlichen Individuum, objektiv in einer größeren Gruppe –, existiert er dann auch unabhängig von unserem Bewußtsein, unserer Psyche? Bevor wir uns dieser Frage – die schon bei Feuerbach und Marx zur Debatte stand – unter psychologischen Aspekten erneut zuwenden, ist zunächst Freuds Antwort auf die Frage nach dem Ursprung der Religion zu untersuchen, die seine Antwort auf die Frage nach dem Wesen vorbereitet.

Die umstrittenen Anfänge der Religion

Nirgendwo hat Freud so wenig Gefolgschaft gefunden wie bei seinen ethnologisch-religionsgeschichtlichen Auffassungen. Vielleicht haben sich Ethnologen und Anthropologen von Anfang an nicht genügend mit Freuds Thesen auseinandergesetzt, da sie allesamt der Überzeugung waren, eine ernsthafte Diskussion lohne sich nicht, Freud habe das Material mißverstanden. Wie immer, die religionsgeschichtlichen Theorien, die Freud zur Begründung seiner – wir sahen es – vorkonzipierten Auffassung vom Ödipuskomplex als Ursprung der Religion benützte, werden heute unter Religionswissenschaftlern in reiner Form kaum noch vertreten: Weder die animistische noch die präanimistische, weder die magische noch die totemistische Theorie über den Ursprung der Religion konnte sich durchsetzen.

In Frage gestellt wurde nicht in erster Linie das umfangreiche Tatsachenmaterial selbst, wie es von so verdienten Forschern wie Tylor und Marett, Frazer und Robertson Smith gesammelt worden war. In Frage gestellt wurde die Interpretation des gesammelten Materials: so zum Beispiel das Verständnis des Mana als von Personen unabhängiges, unpersönliches Kraftfluidum, oder die Belebtheit aller Dinge im Sinne des Animatismus, oder die Verknüpfung von Totemismus und Exogamie. In Frage gestellt wurde vor allem die Einordnung des so wenig gleichförmigen Materials in ein vorgefaßtes Schema: in das *Entwicklungsschema*.

Selbstverständlich bestreitet heute kein ernsthafter Forscher die Evolution in der Religionsgeschichte: Auch Religionen haben sich entwickelt! Insofern behielt Freud mit den Ethnologen recht gegen alle statisch und fixistisch denkenden Theologen. Aber alle ernsthaften Forscher bestreiten heute den *doktrinär-schematischen Evolutionismus* in der Religionsgeschichte: Die Religionen entwickelten sich in ganz und gar unsystematischer Vielfalt! Für die postulierten Urphasen der Religion bedeutet dies: Gewiß hat die Magie und hat der Seelen- und Geisterglaube in vielen Religionen eine überragende Rolle gespielt; gewiß sind manche vergötterten Ahnen später als göttliche Wesen verehrt worden; gewiß ist in vielen Fällen die Verehrung eines Totemtieres in Götterverehrung übergegangen. Aber: daß überall ein Präanimismus oder Animismus oder Totemismus die ursprüngliche Form der Religion gewesen sei, ist ein dogmatisches Postulat und keine historisch bewiesene Tatsache.

Historisch wurde keineswegs bewiesen, was das Entwicklungsschema voraussetzte: daß sich Religion überhaupt in Gleichförmigkeit entwickelte; daß eine bestimmte Religion die verschiedenen Phasen durchgemacht hat; daß sich generell Religion aus der Magie, Heiligkeitsvorstellungen aus dem Tabu, Geisterglauben aus dem Seelenglauben, Götterglauben aus dem Geisterglauben, Gottesglauben aus dem Götterglauben entwikkelt hat. Gerade die angeblich primitivste Stufe eines Seelen- oder Geisterglaubens findet sich nicht bei allen Naturvölkern und besonders nicht in den vermutlich ältesten Kulturen. Animistische Vorstellungen sind ethnologisch, religionsgeschichtlich und entwicklungspsychologisch nicht ursprüngliche, sondern spätere und abgeleitete Phänomene. Schon von daher wird klar, warum bisher bei keiner einzigen Religion die angenommene Abfolge der verschiedenen Phasen nachgewiesen werden konnte. Die einzelnen Phänomene und Phasen durchdringen einander. Besser als von Phasen oder Epochen spricht man heute von Schichten oder Strukturen, die sich grundsätzlich in allen Phasen oder Epochen finden können.

Man ist heute gegenüber allzu schön aufgehenden Konstruktionen mißtrauisch geworden und befragt deren *problematische Voraussetzungen*: Ist es denn so sicher, daß der europäische oder amerikanische Typ des Intellektuellen mit all seiner Aufgeklärtheit dem lebendigen, existentiellen Wissen der im Kreis jener Religionen lebenden Menschen, besonders der »Primitiven«, wirklich überlegen ist? Ist es so sicher, daß sich hinter dem religiösen Glauben und Handeln dieser »Primitiven« nichts an Realität verbirgt und alles im Grunde auf einen (aufzuklärenden) Irrtum zurückgeht? Sind Religionen also von vornherein weniger wahr als Wissenschaft? Oder stößt Wissenschaft hier möglicherweise an Grenzen, wenn sie mit »geometrischer«, rationaler Methode eine lebendige Religion und die so ganz verschiedene Erkenntnis »primitiver« Menschen ergründen will? Ist es überhaupt berechtigt, Religiöses grundsätzlich aus Nichtreligiösem, Religion aus Magie erklären zu wollen, und dringt man so zum Verständnis des genuin Religiösen vor? Und deckt sich das Verhältnis von Nieder- und Hochkulturen mit dem Verhältnis von Nieder- und Hochreligionen? Kann zwischen primitiven und höheren Religionen überhaupt so scharf und eindeutig unterschieden werden?

Schon im Jahr der Veröffentlichung von »Totem und Tabu« hatte einer der Begründer der modernen Soziologie, Emile Durkheim[29], mit dem Blick besonders auf bestimmte australische Urvölker Einspruch erhoben gegen das damals verbreitete Bild von primitiver Religion als einem leeren, abstrusen Gespinst aus Aberglauben. Auch diese primitiven Religionen hätten einen Kern von Realität, den Durkheim freilich nicht in einer göttlichen Macht, sondern in der Gesellschaft sah: im Clan, dessen Symbol oder Emblem das Totem ist.

Frontal aber wurde das Entwicklungsschema angegriffen zuerst vom schottischen Schriftsteller Andrew Lang[30]. Ihm folgte dann mit einem riesigen zwölfbändigen Werk über den »Ursprung der Religion« der Anthropologe Wilhelm Schmidt[31], der nach der Methode von Frobenius und anderen mit seinen Schülern die These zu beweisen versuchte: Nicht Animismus, Präanimismus oder Totemismus, sondern der »Ur-Monotheismus« ist die älteste Religion! Also gegen das Evolutionsschema ein *Anti-Evolutionsschema*? Nun scheinen sich in der Tat primitive Stämme nachweisen zu lassen, die nicht an Geister, sondern an einen »Hochgott« (Ur- oder Allvater als Stammes- oder Himmelsvater) glauben, der aber im Kult merkwürdig zurücktritt und anscheinend nur als »Urheber« die Antwort darstellt auf die Frage nach dem Woher der Dinge. Diese Hochgötter könnten etwas Primäres und nicht aus niederen Stufen Abgeleitetes sein. Doch blieben ihr Alter und ihre Natur in der Forschung umstritten. Unklarheit besteht besonders darüber, ob diese »Urvölker« wirklich Ur-völker sind; ob ein solcher oberster Gott andere Götter ausschließt (Mono-theismus) oder einschließt (Heno-theismus); ob sein Wesen aktivisch oder passivisch (Deus otiosus) zu verstehen ist.

Doch so sehr die Forschungen von Lang, Schmidt und zuletzt die des deutschen Ethnologen A. E. Jensen[32] das Entwicklungsschema erschüttert haben, sie haben doch die *zentrale These nicht bewiesen,* die sie beweisen wollten: daß gerade diese Hochgott-Religion und nicht der Animismus die Urreligion ist. Das hinter dem Anti-Evolutionsschema steckende theologische Interesse war offenkundig: Daß man mit der These vom Urmonotheismus das Faktum einer »Uroffenbarung« historisch aufweisen wollte, hat sich in der wissenschaftlichen Diskussion belastend ausgewirkt.

So ist denn immer deutlicher geworden: *Weder die Degenerationstheorie* von einem monotheistischen Höhenanfang *noch die Evolutionstheorie* von einem animistisch-präanimistischen Tiefenanfang lassen sich historisch eindeutig belegen. Beide sind im Grunde dogmatische Schemata, das erste in theologisch-naturwissenschaftlichem und das andere in aufgeklärtnaturwissenschaftlichem Gewande. Bisher ist die *Urreligion* nicht nur nicht gefunden worden. Sie ist wissenschaftlich überhaupt *nicht zu finden*: Sie soll deshalb – ein solcher Konsens zeichnet sich ab – gar nicht mehr gesucht werden. Zu Recht sagt der indische Religionswissenschaftler *M. Dhavamony*: »Historisch können wir nicht zeigen, daß eine Religionsform früher ist als die andere. Animismus, Präanimismus, Manismus, Fetischismus, Totemismus, Urmonotheismus usw. haben als Theorien des Ursprungs der Religion alle ihre Zeit gehabt.«[33] Man hat eingesehen, was nun freilich auch für Freuds Theorie gelten muß: Für eine historische Erklärung des Ursprungs der Religion fehlen einfach die notwendigen Quellen. Die zeitgenössischen Naturvölker sind nicht die »Urvölker«; sie haben wie die Kulturvölker eine lange, wenn auch ungeschriebene Geschichte hinter sich. Wie es Freud im Grunde schon selber angedeutet hat, ohne freilich daraus strenge Konsequenzen zu ziehen: Über historische und psychologische »Hypothesen«, »Visionen«, »Vermutungen«, »Versuchungen« kommen wir bezüglich des Ursprungs der Religion nicht hinaus.

Andererseits muß heute auch die *Theologie* offen zugestehen, daß sie historisch *über den Anfang der Religion nichts weiß*. Die Aussagen des Buches Genesis über einen paradiesischen Urstand der Welt und des Menschen wollen ihrer literarischen Gattung nach nicht historischer Bericht, nicht »Urzeiterinnerungen«, sondern poetisch eingekleidete Botschaft sein: von der Größe des einen Schöpfers, von der durchgängigen Güte seiner Geschöpfe, von der Freiheit, Verantwortung und Schuld des Menschen. Ernsthafte Theologie hat heute keine Schwierigkeiten mehr, eine Entwicklung der Welt und des Menschen aus Niederem anzunehmen. So hat denn das Interesse der Theologie an der These von einem »Urmonotheismus« spürbar nachgelassen. Eine Synthese zwischen biblischen Zeugnissen und ethnologischem Befund anzustreben, ist von der Quellenlage her aussichtslos geworden. Eine dogmatische Entkrampfung ist erfreulicherweise allenthalben spürbar, und dies sowohl auf seiten von Theologie und Kirche wie auf seiten von Ethnologie und Religionswissenschaft.

In neueren religionsgeschichtlichen Handbüchern findet sich oft kein Kapitel mehr über eine Urreligion oder *die* primitive Religion. Statt dessen finden sich ein oder meist mehrere Kapitel über die *primitiven Religionen*; man hat sogar vorgeschlagen, überhaupt gleich konkret mit der polynesischen, nordindianischen und afrikanischen Religion zu beginnen, was aber die trotz allem bestehenden gemeinsamen Züge zwischen den verschiedenen primitiven Religionen übersehen ließe[34]. Jedenfalls müssen die verschiedenen Kulturen, »patterns of cultures« (Ruth Benedict), aus sich selbst[35] und die verschiedenen Religionen aus ihren je eigenen Voraussetzungen heraus verstanden werden. Darauf hat sich Religionswissenschaft heute konzentriert: Immer mehr Religionen sind durch intensive Feldforschungen – mit Hilfe von Sprachwissenschaft, Psychologie, Soziologie, Völkerkunde, Archäologie, Kunstgeschichte, Folkloristik – in ihren eigenen Konturen untersucht worden. Für solche Feldforschung hat besonders die »funktionalistische« Anthropologie Bronislaw Malinowskis[36] große Verdienste erworben. Sie beschreibt, wie die verschiedenen Institutionen einer primitiven Kultur »funktionieren«, so daß ein lebenstüchtiges Ganzes entsteht. Recht wunderliche, scheinbar sinnlose Bräuche der »Primitiven« haben so im Zusammenhang ihre Funktion offenbart. So wird denn als Aufgabe heutiger Religionswissenschaft erkannt: nicht apriorisches Konstruieren, nicht Einstufen in »höhere« und »niedere« Religionen, nicht Werturteile über einzelne Religionen, sondern das Profilieren der Verschiedenheiten in aller Übereinstimmung, das Analysieren der Funktionen bei allem Geheimnisvollen, das Respektieren der Religionen bei aller Verschiedenheit der Erfahrung.

Eines indessen ist auch historisch bei allen Untersuchungen deutlich geworden: Bisher wurde in der ganzen langen Geschichte der Menschheit *kein Volk oder Stamm* gefunden *ohne irgendwelche Merkmale von Religion*. Schon dem Neandertaler vor 100000 Jahren werden Vorstellungen eines jenseitigen Lebens, erkennbar in seiner Grabausstattung, schon dem Heidelberger Menschen vor 150000 Jahren werden Erstlingsopfer zugeschrieben. Immer hat es Religion gegeben. Religion ist sowohl historisch wie geographisch allgegenwärtig. Ja, es hat sich in der religionsgeschichtlichen Forschung geradezu eine Umkehr der Problemstellung ergeben, wie Bronislaw Malinowski schreibt: »Tylor mußte noch den Irrtum widerlegen, es gäbe primitive Völker ohne Religion. Heute sind wir etwas verwirrt durch die Entdeckung, daß für einen Primitiven alles Religion ist, daß er ständig in einer Welt des Mystizismus und des Ritualismus lebt. Wenn Religion ›Leben‹ und ›Tod‹ umschließt, wenn sie aus allen ›kollektiven‹ Handlungen erwächst und aus allen ›entscheidenden Ereignissen‹ des individuellen Lebens, wenn sie die ganze ›Gedankenwelt‹ der Primitiven und alle ihre ›praktischen Belange‹ umfaßt – dann sehen wir uns veranlaßt, nicht ohne Bestürzung zu fragen: Was verbleibt noch außerhalb der Religion, welches ist der Bereich des ›Profanen‹ im Leben des Primitiven?«[37] Kann man nicht verstehen, daß manche Religionswissenschaftler gerade aufgrund ihrer religionsgeschichtlichen Einsichten der Meinung sind, daß es auch immer Religion geben wird? Ist Religion also eine ewige Sehnsucht der Menschheit?

Einer der bedeutendsten Religionswissenschaftler der Gegenwart, Mircea Eliade, hat sich gefragt, warum Freuds »Totem und Tabu«, dieser »roman noir frénétique«, einen so »unglaublichen Erfolg« unter den westlichen Intellektuellen haben konnte, obwohl die führenden Ethnologen der Zeit Freuds – von W. H. Rivers und F. Boas bis zu A. L. Kroeber, B. Malinowski und W. Schmidt – »die Absurdität solch eines urgeschichtlichen ›Totemmahls‹« bewiesen hätten[38]. Vergebens hätten all diese Gelehrten herausgestellt, daß der Totemismus sich an den Anfängen der Religion nicht gefunden hätte; daß er nicht universal sei und nicht alle Völker eine totemistische Phase durchgemacht hätten; daß schon nach Frazer selber von den vielen hundert totemistischen Stämmen nur 4 (!) einen Ritus gekannt hätten, der an ein rituelles Töten und Essen eines »Totem-Gottes« herankäme; daß dieser Ritus somit nichts mit dem Ursprung des Opfers zu tun habe, da der Totemismus in den ältesten Kulturen nicht vorkomme...

Der Genius Freuds darf nach Eliade nicht nach den »horror stories« beurteilt werden, die in »Totem und Tabu« als objektive historische Tatsachen hingestellt werden. Wichtiger ist nach Eliade: Die Psychoanalyse hatte nun einmal die Schlacht gegen die älteren Psychologen gewonnen. Damit wurde sie freilich, auch aus vielen anderen Gründen, zu einer »kulturellen Mode«. Und weil »kulturelle Mode«, wurde die Freudsche Ideologie auch in ihren unsicheren Elementen von der westlichen Intelligenzia nach 1920 als erwiesen angenommen. Doch durchleuchtet man gerade mit den Mitteln und Methoden der Psychoanalyse diese »kulturelle Mode«, so werden nach Eliade »einige der tragischen Geheimnisse des modernen westlichen

Intellektuellen« offenbar: »zum Beispiel seine tiefe Unzufriedenheit mit den verbrauchten Formen des historischen Christentums und sein Wunsch, sich gewaltsam vom Glauben seiner Vorfahren freizumachen, begleitet von einem seltsamen Schuldgefühl, als ob er selbst Gott getötet hätte, an den er nicht glauben, dessen Abwesenheit er aber auch nicht ertragen konnte. Aus diesem Grund habe ich gesagt, eine kulturelle Mode sei höchst signifikant, ganz unabhängig von ihrem objektiven Wert; der Erfolg gewisser Ideen oder Ideologien offenbart uns die geistige oder existentielle Situation aller derjenigen, für die diese Ideen oder Ideologien eine Art Erlösungslehre darstellen.«[39]

Religion – nur Wunschdenken?

Historisch-biographisch ist kein Zweifel möglich: Seit seiner Studienzeit ist Freud Atheist. Er war Atheist, längst bevor er Psychoanalytiker war. Freuds Atheismus gründet also nicht in seiner Psychoanalyse, sondern geht ihr voraus. Und daran hat Freud auch stets festgehalten: *Psychoanalyse* hat *nicht notwendig Atheismus* zur Folge. Sie ist eine Forschungs- und Heilmethode, die von Atheisten wie von Gottesgläubigen gleichermaßen geübt werden kann. Und gerade deshalb wehrt sich der Atheist Freud dagegen, daß aus der Psychoanalyse als einem »parteilosen Arbeitsinstrument« eine atheistische »Weltanschauung« extrapoliert wird. Methodischer »Atheismus« darf nicht zum weltanschaulichen Atheismus gemacht werden, Psychoanalyse nicht zur Totalerklärung der Wirklichkeit.

Die entscheidenden *Argumente für seinen persönlichen Atheismus* hat Freud im wesentlichen *von Feuerbach und dessen Nachfolgern übernommen*: »Ich habe bloß – dies ist das einzig Neue an meiner Darstellung – der Kritik meiner großen Vorgänger etwas psychologische Begründung hinzugefügt«, sagt Freud bescheiden und richtig zugleich[40]. Schon bei Feuerbach findet sich eine psychologische Begründung des Atheismus: Wünsche, Phantasie oder Einbildungskraft sind für die Projektion des Gottesgedankens und der ganzen religiösen Schein- oder Traumwelt verantwortlich. Wie schon die Opiums-Theorie von Marx, so gründet auch die Illusions-Theorie Freuds in der Projektions-Theorie Feuerbachs. Neu ist im wesentlichen nur Freuds psychoanalytische Vertiefung.

Aber das bedeutet nun für die Kritik des Freudschen Atheismus: Die Gründe, die gegen Feuerbachs (und Marx') Atheismus, insbesondere gegen seine psychologischen und geschichtsphilosophischen Beweisgänge angeführt werden, treffen auch für den Atheismus Freuds zu. Und insofern sich der Atheismus Feuerbachs (und Marx') als eine letztlich nicht stringent begründete Hypothese erweist, muß nun auch der *Atheismus Freuds* als eine letztlich *nicht stringent begründete Hypothese* erscheinen.

Freilich hat Freud hinter Feuerbachs psychologische Projektionstheorie zurückgefragt und sie tiefenpsychologisch auf ihre unbewußten Bedingungen hin überprüft. So hat er diese Hypothese religionshistorisch und dann religionspsychologisch vertiefen können. Aber so wenig wie Marx hat Freud die Projektionstheorie dadurch eigenständig begründet. Denn: Auch Freud hat ja *unter Voraussetzung* dieser (von den »großen Vorgängern« scheinbar unwiderlegbar begründeten) Projektionstheorie gefragt und aufgezeigt, wie sie religionshistorisch und religionspsychologisch erklärt werden könne. Und gerade diese Voraussetzung hatte sich als letztlich nicht begründet erwiesen.

Freud hat das epochale Verdienst, herausgearbeitet zu haben, wie sehr das Unbewußte Mensch und Menschheitsgeschichte bestimmt, wie sehr schon früheste Kindheit, erste Eltern-Kind-Beziehungen, das Verhältnis zur Sexualität auch für die religiösen Einstellungen und Vorstellungen eines Menschen grundlegend sind. Aber wir erkennen gerade im Zusammenhang mit *Feuerbach* (und Marx) sehr deutlich: Aus dem unbestreitbaren Einfluß *psychologischer* (ökonomisch-gesellschaftlicher) Faktoren auf Religion und Gottesbegriff folgt noch nichts für die Existenz oder Nichtexistenz Gottes! Und so bedarf es eigentlich auch keiner weiteren Erklärung, wenn wir jetzt in bezug auf *Freud* ganz entsprechend sagen: Auch aus dem unbestreitbaren Einfluß *tiefenpsychologischer, unbewußter* Faktoren auf Religion und Gottesbegriff *folgt noch nichts für die Existenz oder Nichtexistenz Gottes*!

Es sei dies aber doch kurz im Hinblick auf Freuds zentrale religionskritische Aussage konkretisiert: »Die religiösen Vorstellungen sind Erfüllungen der ältesten, stärksten, dringendsten Wünsche der Menschheit«? Ganz richtig, so kann auch der Gottesgläubige sagen. Und zugleich wird er zugeben:

Gewiß kann Religion, wie Marx aufzeigt, Opium, ein Mittel sozialer Beschwichtigung und Vertröstung (Repression), sein. Aber: sie muß es nicht.

Gewiß kann Religion, wie Freud aufzeigt, Illusion, Ausdruck einer Neurose und psychischer Unreife (Regression), sein. Aber: sie muß es nicht.

Gewiß enthält alles menschliche Glauben, Hoffen, Lieben – auf einen Menschen, eine Sache oder auf Gott bezogen – ein Moment der Projektion. Aber: deshalb muß ihr Objekt nicht nur Projektion sein.

Gewiß kann der Glaube an Gott stark von der Einstellung des Kindes zum Vater beeinflußt sein. Aber: deshalb kann Gott doch existieren.

Also: Nicht daß der Gottesglaube psychologisch erklärt werden kann, ist das Problem. Psychologie oder nicht Psychologie ist hier eine falsche Alternative. Psychologisch gesehen weist der Gottesglaube immer Strukturen und Gehalte einer Projektion auf oder kann als reine Projektion verdächtigt werden. Auch jeder Liebende projiziert notwendig sein eigenes Bild auf seine Geliebte. Aber heißt das, daß seine Geliebte nicht existiert oder nicht doch wesentlich so existiert, wie er sie sieht und sich denkt? Kann er sie mit seinen Projektionen nicht vielleicht sogar tiefer erfassen als der, der sie als neutraler Beobachter von außen zu beurteilen versucht? Das Faktum der Projektion also entscheidet nicht über Existenz oder Nicht-Existenz des Objekts, auf das sie sich bezieht.

Und hier hat auch der Freudsche Schluß vom Anormalen auf das Normale, vom Neurotischen auf das Religiöse bei aller Berechtigung seine entschiedenen Grenzen. Religion ist menschliches *Wunschdenken*? Und deshalb darf Gott nur ein menschliches Wunschgebilde, eine infantile Illusion oder gar nur eine neurotische Wahnidee sein? Dem Wunsch nach Gott, so argumentieren wir ja auch gegen Feuerbach, *kann* durchaus ein wirklicher Gott entsprechen. Diese – noch eingehend zu diskutierende – Möglichkeit hat auch Freud nicht ausgeschaltet. Und warum sollte man das Wunschdenken ganz allgemein disqualifizieren? Ist Wünschen nicht ganz und gar menschlich, Wünschen im kleinen wie im großen, Wünschen in bezug auf die Güter dieser Erde, die Mitmenschen, die Welt und vielleicht doch auch – Gott?

Freilich steht es schlimm um einen religiösen Glauben, wenn er keine echten Gründe hat oder in einer psychoanalytischen Behandlung keine Gründe übrigbleiben; das wäre, auch wenn er sich noch so fromm gebärdet, ein unreifer, infantiler, unter Umständen gar neurotischer Glaube. Aber ist ein Glaube schon darum schlecht und spricht es schon gegen seine Wahrheit, weil in ihm – wie doch auch in der Psychoanalyse! – alle möglichen triebhaften Motive, libidinösen Neigungen, psychodynamischen Mechanismen, bewußte und unbewußte Wünsche mitspielen? Warum soll ich eigentlich nicht wünschen dürfen? Warum soll ich nicht wünschen dürfen, daß Schweiß, Blut und Tränen, alles Leid durch die Jahrtausende nicht umsonst waren, daß definitives Glück allen Menschen und besonders den Mißachteten und Getretenen schließlich doch ermöglicht werde? Und warum soll ich nicht umgekehrt eine Abneigung empfinden dürfen gegenüber der Zumutung, mit seltenen Augenblikken des Glücks zufrieden zu sein und mich im übrigen mit dem »normalen Unglück« abzufinden? Eine Abneigung auch gegenüber der Vorstellung, das Leben des Menschen und der Menschheit sei nur von unbarmherzigen Naturgesetzen, vom Spiel des Zufalls und vom Überleben des Stärkeren regiert, und alles Sterben sei Sterben in ein Nichts hinein[41]?

Aus dem tiefen menschlichen Wunsch nach Gott und ewigem Leben folgen, da irren manche Theologen, zweifellos noch nicht die Existenz Gottes und die Realität des ewigen Lebens und Glückes. Daraus folgen aber auch nicht, da irren manche Atheisten, Nichtexistenz und Nichtrealität! Gewiß, der Wunsch allein birgt in sich nicht schon die Erfüllung. Es *kann* sein, daß den ältesten, stärksten, dringendsten Wünschen der Menschheit nichts entspricht und die Menschheit sich tatsächlich Jahrtausende lang Illusionen gemacht hat. So wie ein Kind, das in seiner Einsamkeit, Verlassenheit, Hilfsbedürftigkeit, Glücksbedürftigkeit von ganzem Herzen wünscht, ersehnt, sich vorstellt und einbildet, es hätte irgendwo in einem fernen russischen Lager doch einen Vater, sich nun eben Illusionen macht, Selbsttäuschungen hingibt, Wunschbildern nachjagt, außer... Außer? Außer der schon längst toterklärte Vater, den das Kind nur vom Hörensagen kennt, wäre durch irgendeinen Zufall doch am Leben geblieben, würde – obwohl das niemand mehr glaubt – noch immer existieren! Dann, ja dann hätte das Kind tatsächlich recht gegen die vielen, die nicht mehr an die Existenz eines Vaters glaubten. Dann würde seinem Wunschbild doch eine Wirklichkeit entsprechen, von der es sich eines Tages vielleicht sogar von Angesicht zu Angesicht überzeugen kann!

Hier genau also sind wir bei Feuerbach, Marx und Freud beim springenden Punkt, der eigentlich gar nicht schwer zu verstehen ist und an dem jegliche Projektionstheorie, Opiumstheorie, Illusionstheorie ihre suggestive Kraft augenblicklich verliert: *Vielleicht* gibt es *tatsächlich* dieses Wesen unserer Sehnsüchte und Träume? Vielleicht gibt es tatsächlich dieses Wesen, das uns Glückseligkeit verspricht? Nicht nur die Glückseligkeit des Säuglings an der Mutterbrust, die nach Freud das Unbewußte des Menschen bleibend bestimmt, sondern eine noch ganz andere Wirklichkeit in der Zukunft, die den unbewußten und bewußten Strebungen gerade des reifen, erwachsenen Menschen entspricht und auf die die ältesten, stärksten, dringendsten Wünsche der Menschheit ausgerichtet sind. Wer weiß?

Freuds Erklärung der psychologischen Genese des Gottesglaubens hat den Gottesglauben selbst nicht widerlegt. Freud hat die religiösen Vorstellungen psychologisch analysiert, abgeleitet. Und gerade dies hätten Theologen und Kirchenmänner ihm wie schon Feuerbach nie verbieten dürfen. Denn: Psychologische Deutung des Gottesglaubens ist möglich und auch legitim! Aber ist das Psychische schon das Ganze der Religion? Man beachte: Freud hat die religiösen Vorstellungen gerade nicht grundsätzlich destruiert und widerlegt, und Atheisten wie Theologen hätten dies aus Freuds Religionskritik nie herauslesen dürfen. Denn psychologische Deutung allein kann aus ihrem Wesen heraus zur allerletzten oder allerersten Wirklichkeit nicht vorstoßen: Sie bleibt ihr gegenüber grundsätzlich neutral. Psychologisch gesehen muß also die Frage nach der Existenz Gottes – das Argument darf genausowenig positiv überzogen werden – offenbleiben.

Auch der *Atheismus Freuds*, der für ihn vor allen psychoanalytischen Entdeckungen feststand, erweist sich somit als *reine Hypothese*, als unbewiesenes Postulat, als dogmatischer Anspruch. Und im Grunde war sich Freud selbst dessen durchaus bewußt: Denn die religiösen Vorstellungen sind, obwohl unglaubwürdig, für ihn doch auch unwiderlegbar. Sie könnten grundsätzlich auch wahr sein. Was zu ihrer psychologischen Natur zu sagen ist, entscheidet auch nach ihm noch keineswegs über ihren Wahrheitsgehalt und Wahrheitswert. Wir vernahmen seine Antwort: »Wir sagen uns, es wäre ja sehr schön... aber...«

Glaube an die Wissenschaft?

An die Stelle des Glaubens an Gott tritt bei Freud der Glaube an die Wissenschaft: an »unseren Gott Logos«[42], an dem er den »sicheren Anhalt« findet, der dem Gottgläubigen »fehlt«[43]. Wir vernahmen, wie emphatisch Freud im vollen Bewußtsein der Unzulänglichkeit des Menschen und seines Fortschritts doch seinen *Glauben* bekannte: »Wir glauben daran, daß es der wissenschaftlichen Arbeit möglich ist...«[44] Und wie emphatisch er dem Unglauben abschwor: »Nein, unsere Wissenschaft ist keine Illusion.«[45]

Offensichtlich kommt der Mensch um die zumindest fiktive Setzung eines solchen obersten Wertes (im Falle Freuds die Wissenschaft) nicht herum, womit eben noch nichts über die Realität eines solchen Wertes ausgesagt ist. Hier stellt sich nur die Frage: Kann der Glaube an die Wissenschaft den *Glauben an Gott* ersetzen? Es braucht nicht wiederholt zu werden, was wir aus der Perspektive Pascals zu neuzeitlichem Erkenntnisideal, Naturwissenschaft und Gottesfrage zu sagen hatten: gewiß nicht gegen eine kritische Rationalität, wohl aber gegen einen ideologischen Rationalismus[46]. Jedenfalls war dann gegen Feuerbach[47] und Marx[48] darauf aufmerksam zu machen: Weder im Westen noch im Osten ist bisher der Gottesglaube zugunsten der Wissenschaft verschwunden; der neuzeitliche Atheismus hat, besonders nach den Erfahrungen mit Nationalsozialismus und Kommunismus, viel von seiner Glaubwürdigkeit verloren. Für Ungezählte in aller Welt jedoch hat der Gottesglaube auch und vielleicht gerade in unserer Zeit wieder eine neue Zukunft. Sowohl Feuerbachs anthropologischer Atheismus wie Marxens sozialpolitischer Atheismus wie schließlich Freuds psychoanalytischer Atheismus sind weit davon entfernt, allgemeine Überzeugung der Menschen zu werden. Auch die These Freuds also von der *Ablösung der Religion durch Wissenschaft* erwies sich als *Behauptung*, die *nicht begründet* erscheint: eine Extrapolation in die Zukunft, die auch heute, im Rückblick in keiner Weise zu verifizieren ist.

Andererseits versteht man heute jeden *Fortschritt der Wissenschaft* längst nicht mehr so wie in Freuds Studienzeit als Widerspruch zum Gottesglauben. Und man fragt sich auch unter Naturwissenschaftlern und Psychologen: Wurde der Gottesglaube durch den bisherigen Fortschritt der Wissenschaft und die damit gewiß notwendig gewordenen Korrekturen wirklich im Kern getroffen? Widersprechen sich Wissenschaft und Gottesglauben überhaupt im Kern?

Unterdessen ist aber auch die Wissenschaft, gerade aufgrund ihres Fortschritts, in eine Krise geraten, wie sie selbst der gegenüber dem Fortschritt gleichzeitig wieder skeptische Freud nicht vorausgeahnt hatte. Gerade der unbezweifelbare Fortschritt der Wissenschaft auf allen Gebieten läßt heute viele, besonders in den Industrienationen, zweifeln an dem, auch von Freud vertretenen, *Glauben an die Wissenschaft*: daß Wissenschaft und die ihr folgende Technologie automatisch Fortschritt bedeuten und so der Schlüssel zu jenem – nach Freud von der Religion nicht vermittelten – allgemeinen Glück der Menschheit seien. Dagegen weist man heute auf den ambivalenten Charakter dieses Fortschritts von Wissenschaft und Technologie hin, die so leicht jeglicher menschlichen Kontrolle entgleiten und heute eine – oft ins Apokalyptische übersteigerte – Zukunftsangst verbreiten[49]. Schon Freud hat dem Fortschritt nur bedingt vertraut. Der Zukunft unserer Kultur war er nicht sicher; die Wirkkraft des Todestriebs, das im Übermaß angehäufte Aggressionspotential hielt er für höchst gefährlich; der Kampf zwischen Vernunft und Zerstörung war für ihn keineswegs entschieden[50].

Die Fortschrittsideologie einer von selbst zur Humanität führenden wissenschaftlichen Entwicklung steht heute jedenfalls erschüttert da: Ein Fortschritt, der vielfältig zerstörerisch wirkt. Eine Rationalität, die irrationale Züge trägt. Ein Gott Logos, der sich immer mehr als Götze erweist. Auch Wissenschaftler fordern deshalb, daß der Wissenschaftsglaube als Totalerklärung der Wirklichkeit (»Weltanschauung«) und die Technokratie als alles heilende Ersatzreligion aufzugeben sind.

Dennoch wäre es grundsätzlich falsch, die heute weitverbreitete Skepsis der Menschen gegenüber Wissenschaft und Technologie theologisch auszubeuten. Nicht jeder Schritt von Wissenschaftsgläubigkeit weg ist automatisch ein Schritt auf Gottgläubigkeit hin: Skepsis gegenüber Wissenschaft und Technologie begründet noch keineswegs den Glauben an Gott. Theologen haben zur Kenntnis zu nehmen: Es gibt heute viele Menschen, die eine Ideologisierung der Wissenschaft als Totalerklärung der Wirklichkeit ablehnen, dem Glauben an Gott aber gleichfalls skeptisch gegenüberstehen. Es gibt heute viele Menschen, die sich nicht mehr leidenschaftlich für einen Überzeugungsatheismus verkämpfen, die sich aber ebensowenig leidenschaftlich für einen Glauben an Gott aussprechen. Zwischen Skepsis und Affirmation findet sich heute allzuoft ein zwar nicht mehr kämpferischer, aber doch faktisch praktizierter, alltäglicher, banaler Atheismus.

Nur wenige Wissenschaftler gibt es heute, die wie Freud öffentlich Rechenschaft über ihren Unglauben geben. Aber auch nicht allzu viele gibt es, die öffentlich von ihrem Glauben Zeugnis ablegen. Religion, Glaube, Gott – ein Bereich, der für viele seltsam ausgeblendet erscheint, tabuisiert, in der Schwebe gelassen: man legt sich nicht fest. Gottesglaube? Privatsache, die niemanden etwas angeht. Hat sich nicht in vielen Fällen eine billige Toleranz in Sachen Religion breitgemacht, die jeden das glauben läßt, was er gerade glaubt?

Die Frage ist freilich nicht ganz abwegig: Könnte es sich nicht auch hier um ein Verdrängungsphänomen handeln, das natürlich wieder seine eigenen und nicht zuletzt historische Wurzeln hat? Die unnötigen Auseinandersetzungen zwischen Kirche und Naturwissenschaft erklären jedenfalls zum Teil, warum Wissenschaftler von Gott heute lieber schweigen als reden. Doch wir haben festgestellt: Sexualität kann verdrängt werden. Deshalb die Frage: Kann vielleicht auch die Zukunft, die Angst und die Hoffnung, die Frage nach dem Lebenssinn, kann auch die Religiosität verdrängt werden? Man berufe sich nicht zu rasch auf die objektive Wissenschaft, die sachliche Vernunft. Auch wissenschaftliche Vernunft ist bestechlich: durch alle möglichen Wünsche, Triebe, Neigungen, Kindheitsfixierungen, Vorurteile. Und dies gerade dort, wo es nicht um »exakte« (mathematische, naturwissenschaftliche, technologische, »reine«) Ergebnisse, sondern um deren Voraussetzungen und Anwendungen, wo es besonders um die eigenen Lebensfragen geht. Atheisten werfen der Religion Wunschdenken vor. Gegenfrage: Könnte nicht auch der *Atheismus Wunschdenken, Projektion* sein? Die Frage stellen, heißt noch nicht, sie beantwortet zu haben.

Verdrängte Religiosität?

Für Freud persönlich, soweit das hier interessiert, spitzt sich das Problem zu: Liegt bei seinem bis zum Ende durchgehaltenen Atheismus vielleicht doch ein Verdrängungsphänomen vor? Zwar soll mit dieser in aller Behutsamkeit gestellten Abschlußfrage dieses kritischen Abschnitts nicht zu guter Letzt Freuds Religionskritik individualpsychologisch gedeutet und damit neutralisiert werden. Doch es gibt immerhin zu denken: Daß Freud nicht unreligiös erzogen wurde, haben wir gesehen. Daß er ein guter Bibelkenner war, hat er in seiner »Selbstdarstellung« bezeugt, seltsamerweise aber erst 1935 in einer Einfügung[51]. Daß ihn in jungen Jahren offensichtlich eine starke Neigung zum Spekulieren über die Rätsel von Welt und Mensch ergriffen hatte, bezeugt er ebenfalls, merkwürdigerweise aber bekämpfte er diese seine Neigung: »In jungen Jahren war meine Neigung zum Spekulieren so groß, daß ich ihr um keinen Preis nachgeben wollte.«[52] So nährte er »im Geheimsten die Hoffnung«, auf dem Umweg über die Physiologie zu seinem »Anfangsziel der Philosophie zu kommen«: »Denn das wollte ich ursprünglich, als mir noch gar nicht klar war, wozu ich auf der Welt bin.«[53] Seinem Freund Fließ schrieb er als 40jähriger von seiner *Sehnsucht nach Erkenntnis*: »Ich habe als junger Mensch keine andere Sehnsucht gekannt als die nach philosophischer Erkenntnis, und ich bin jetzt im Begriff, sie zu erfüllen, indem ich von der Medizin zur Philosophie hinüberlenke. Therapeut bin ich wider Willen geworden.«[54]

Offensichtlich war der junge Freud mit Fragen beschäftigt, die man philosophische, weltanschauliche oder religiöse nennen kann. Und offensichtlich kehrte der alte Freud – wie wir von ihm selbst hörten, war alles dazwischen nur »Umweg« – zu den Fragen seiner Jugend zurück und beschäftigte sich nun mit größter Intensität bis zu seinem Tod vor allem mit Problemen der Religion. Dabei fesselte ihn seit seiner Jugendzeit und seinen ersten Bibelstudien nichts so sehr wie der »Gründer« derjenigen Religion, aus der er kam, der jüdischen. Durch drei einsame September-Wochen hatte er schon 1913 alltäglich betrachtend vor der Mose-Statue des Michelangelo in S. Pietro in Vincoli in Rom gestanden, um seine frühe (anonym veröffentlichte!) Abhandlung über diese Figur zu schreiben. Und über Historie und Bedeutung dieses Mose schrieb er schließlich auch das letzte große Werk seines Lebens. Woher diese Faszination?

Ohne Zweifel gehört Freud zu den *großen Moralisten* der Menschheit. Er war alles andere als der sexuelle Libertinist, den viele damals und manche noch heute in ihm vermuten: Seine Lebensführung und sein Sexualleben waren äußerst sittenstreng. Ja, Prüderie, gar die Sexualneurose, war ihm ursprünglich nicht fremd, und seine Moralität zeigt ausgesprochen strenge, teilweise gesetzhaft düstere Züge.

Mit »Pansexualismus« und einem »Ausleben der Triebe« hat seine Auffassung vom Menschen nichts zu tun. Im Gegenteil, für Freud beruht die gesamte Menschheitskultur wesentlich auf Trieb-Verzicht: Überwindung des infantilen Lustprinzips zugunsten des Realitätsprinzips. Weder von »Freude« noch von »Schönheit« ist in seinem Werk viel die Rede. Die ethischen Forderungen, die er rein rational areligiös begründet sehen wollte, waren inhaltlich auffällig identisch mit denen des mosaischen Dekalogs. Und es dürfte kaum zu bezweifeln sein, daß er, der selber auf die ihn prägende harte Erziehung seiner Kindheit hinweist und bei sich einen Vaterkomplex in der Selbstanalyse festgestellt hatte, unbewußt der alten mosaischen Gesetzhaftigkeit verpflichtet geblieben war.

Sein Atheismus dagegen ist nicht ursprünglich, sondern, so sahen wir sehr deutlich, übernommen: ohne Zusammenhang mit der von ihm entwickelten psychoanalytischen Methode, unter dem ungeheuren Eindruck der angeblich atheistischen Naturwissenschaft, die für ihn jetzt an die Stelle des jüdischen Gottesglaubens tritt! Der Glaube an Gott aber wird nicht einfach ersetzt durch wissenschaftliche Argumentation, sondern durch einen anderen Glauben, den quasireligiösen Glauben an die Wissenschaft. Für Freud persönlich ist denn auch die *Psychoanalyse* faktisch weit mehr als nur Forschungs- und Heilmethode. Sie ist Grundlage einer atheistischen Weltanschauung, eine Art *Religionsersatz*.

Auffällig dabei ist: Gerade Freuds Atheismus wird von vielen seiner Freunde, die mit ihm wichtige tiefenpsychologische Überzeugungen gemeinsam haben, nicht geteilt, wie er selber sagt. Und auch viele seiner eigenen Schüler, die seine psychoanalytische Methode ganz übernahmen, übernahmen, wie er selber bekennt, seinen Atheismus nicht. So bleibt denn Freuds Atheismus seine ganz persönliche Grundhaltung, die mit Psychoanalyse an sich nichts zu tun hat. Ob nicht vielleicht doch das Phänomen einer aus begreiflichen Gründen verdrängten jüdischen Religiosität vorliegt?

Wir brauchen die Frage hier nicht zu entscheiden. Wir stehen jedenfalls mit größtem Respekt vor dem Leben und Wirken dieses einzigartig konsequenten Forschers. Wir stehen mit größtem Respekt auch vor seinem langsamen *Sterben*. Der Tod erlöste ihn von einem grausamen Leiden, das er durch die Jahre durchgestanden hatte: ein 16 Jahre lang mit heroischem Gleichmut ertragener Gaumenkrebs, der ihn zu über dreißig Operationen zwang.

Fragen aber wirft nicht zuletzt auch sein Sterben, der Tod dieses Mannes, auf, dem der Hausarzt der letzten zehn Jahre, Max Schur, seine Erinnerungen widmete[55]. Wir sehen mit Erstaunen, welche stark emotional besetzte Rolle der persönliche Tod für diesen Mann nüchternster Wissenschaft und klarster Rationalität gespielt hat. Sein ganzes Leben lang hat er mit diesem Problem gerungen – und es doch nicht wirklich bewältigt: angefangen von einer »fast zwanghaften Beschäftigung mit möglichen oder voraussichtlichen Daten seines Todes«[56], zum Teil gespeist aus Quellen jüdischen Aberglaubens, über »Anfälle von Todesangst«[57] vor allem im Zusammenhang mit seinem 51. Lebensjahr, bis hin zu »Schuldgefühlen des Überlebenden« beim Tod seines Vaters[58]. Dies alles ist der sehr persönliche Hintergrund eines Mannes, der schließlich die ganze Wirklichkeit des Menschen durch das antagonistische Triebpaar Eros und Thanatos, den Lebens- und Todestrieb, geprägt sah.

Trotz aller Leiden ungebrochen, arbeitete Freud bis zum Ende weiter. 1938 zwang ihn der Einmarsch der Nationalsozialisten in Österreich, Wien zu verlassen und nach London zu emigrieren. Seine Krankheit aber nahm ihren unaufhaltsamen Lauf. Ende August 1939 hatte der Krebs eine offene Verbindung von der Mundhöhle nach außen gefressen. Ein Moskitonetz mußte über Freuds Bett gespannt werden, weil der Geruch die Fliegen anlockte. Der Krieg hatte begonnen, und Freud erlebte noch die ersten Fliegeralarme. Er starb 83jährig am 23. September 1939, morgens um 3 Uhr, nachdem ihm der Hausarzt verabredungsgemäß mit einer Injektion Morphium das Hinscheiden erleichtert hatte. Schon 1915 hatte er in »Zeitgemäßes über Krieg und Tod« geschrieben: »Dem Verstorbenen selbst bringen wir ein besonderes Verhalten entgegen, fast wie eine Bewunderung für einen, der etwas sehr Schwieriges zustande gebracht hat.«[59]

3. *Kein Zurück hinter Freud*

Der Atheismus Freuds erscheint ebenso wie der von Feuerbach und Marx letztlich unbegründet. Aber ist deshalb seine Religionskritik schon erledigt? Ebensowenig wie die von Feuerbach und Marx! Auch diese Religionskritik ist weniger als rasch zu durchschreitendes Zwischenstadium denn als ein den Gottesglauben ständig begleitender, mahnender Schatten zu verstehen. Die vielzitierte »Revolution der Psychoanalyse«, Freuds geniale Entdeckung und methodisch-wissenschaftliche Ergründung der dynamischen Wirklichkeit des Unbewußten, hat ihre bleibenden Auswirkungen auch auf Religion und Gottesglauben. Wie immer man über einzelne Momente der psychoanalytischen Theorie, die von Freud auch später noch ständig empirisch und gedanklich ausgebaut und modifiziert worden war, denkt: Seit Freud muß alles Menschliche, muß alle bewußte individuelle und gesellschaftliche Aktivität des Menschen, müssen auch seine Religion und sein Gottesglaube in wesentlichem Zusammenhang mit jener Region der Psyche gesehen werden, die ihre eigene Gesetzlichkeit hat und die doch bewußter Kontrolle und direkter Beobachtung entzogen bleibt – das Unbewußte, die Tiefenschicht des Menschen.

Was bleibt von Freuds Religionskritik?

»Der Freudismus hat zwar den Glauben der Ungläubigen bereits gestärkt, jedoch kaum begonnen, den Glauben der Gläubigen zu läutern«, sagt der französische Philosoph Paul Ricœur[1]. Theologen können tatsächlich bei Freud lernen: Seine religionskritischen Schriften sind ein einziges Plädoyer für *Ehrlichkeit im Umgang mit Religion*! Von allen »möglichen Unaufrichtigkeiten und intellektuellen Unarten« ist hier die Rede: Philosophen (Theologen?) »überdehnen die Bedeutung von Worten, bis sie kaum etwas von ihrem ursprünglichen Sinn übrigbehalten«[2]. Einige nennen »irgendeine verschwommene Abstraktion, die sie sich geschaffen haben, ›Gott‹«[3]. Oder sie nennen Menschen, die »irreligiös im wahrsten Sinne des Wortes sind«, »tief religiös«, nur weil sie »sich demütig mit der geringfügigen Rolle des Menschen in der großen Welt bescheiden«[4]. Freud selber bekennt sich jedenfalls unzweideutig zum Atheismus und ist bereit, für seine ehrliche kritische Haltung der Religion gegenüber auch die »unliebenswürdigsten Vorwürfe« in Kauf zu nehmen: »Wenn jemand schon in jungen Jahren sich über das Mißfallen seiner Zeitgenossen hinausgesetzt hat, was soll es ihm im Greisenalter anhaben, wenn er sicher ist, bald jeder Gunst und Mißgunst entrückt zu werden?«[5]

Aber es geht um mehr als nur um intellektuelle Redlichkeit, es geht um *kritische Rationalität*! Gewiß kein Wissenschaftsglaube im Namen einer verabsolutierten Vernunft, so müssen wir auf der Linie Pascals *gegen* Freud einwenden. Aber nun auch umgekehrt: Keine Wissenschaftsskepsis im Namen eines verabsolutierten Glaubens, so ist auf der Linie Descartes' *für* Freud zu sagen[6]. Denn im Zusammenhang mit Reformation, Pascal, Jansenismus, Kierkegaard und Barth läßt sich zeigen, wie sehr Christen und Theologen immer wieder in Gefahr waren, die Erkenntnisse der Vernunft abzuwerten, um den Glauben aufzuwerten: eine spezifische Art von Vernunftfeindlichkeit, die keineswegs vom christlichen Glauben gefordert ist. Muß man aufhören, »Philosoph und Gelehrter« zu sein, um wahrhaft an Gott zu glauben? Haben so nicht schon Pascal und vor allem Kierkegaard und Barth die Vernunft vom Glauben überwältigen lassen: die christliche Offenbarung faktisch die einzige Quelle von Wahrheit und Gewißheit? Muß deshalb nicht gegen allen protestantischen Biblizismus wie katholischen Traditionalismus eine radikale Kurskorrektur von Kirche und Theologie gefordert werden: statt des feindlich-polemischen Gegeneinanders oder dann friedlich-schiedlichen Nebeneinanders jetzt ein kritisch-dialogisches Miteinander von Theologie und Wissenschaft, Theologie und Naturwissenschaft? Was also aus der Perspektive Descartes' und der von ihm repräsentierten Tradition grundsätzlich für das neuzeitliche Erkenntnisideal, die Naturwissenschaft und die neue Gottesfrage und hier überall für eine kritische Rationalität ohne ideologischen Rationalismus zu sagen ist: Das alles bedeutet weithin auch eine Rechtfertigung von Freuds an der Naturwissenschaft orientierten Methode der Psychologie.

Freud hat jedenfalls entschieden recht, wenn er sich gegen das »Credo quia absurdum« wendet: Als ob die religiösen Lehren den Ansprüchen der Vernunft gänzlich entzogen wären, völlig über der Vernunft stünden! Als ob ihre Wahrheit nur innerlich verspürt und nicht begriffen zu werden brauche! Er nennt ein solches Credo einen »Machtanspruch ohne Verbindlichkeit«: »Soll ich verpflichtet werden, jede Absurdität zu glauben? Und wenn nicht, warum gerade diese?«[7] Keine Instanz über der Vernunft: »Wenn die Wahrheit der religiösen Lehren abhängig ist von einem inneren Erlebnis, das diese Wahrheit bezeugt, was macht man mit den vielen Menschen, die solch ein seltenes Erlebnis nicht haben? Man kann von allen Menschen verlangen, daß sie die Gabe der Vernunft anwenden, die sie besitzen, aber man kann nicht eine für alle gültige Verpflichtung auf ein Motiv aufbauen, das nur bei ganz wenigen existiert.«[8]

Mit Recht wendet sich Freud auch gegen die weitverbreitete Basis einer »Philosophie des ›Als ob‹«, was meint: die Grundlosigkeit, ja Absurdität religiöser Lehren unter Umständen durchaus einsehen, aber dann sich doch »aus mannigfachen praktischen Motiven ... so benehmen, ›als ob‹ wir an diese Fiktionen glauben«[9]. Ein religiöser Konformismus und Opportunismus: vor allem wegen der unvergleichlichen Wichtigkeit der Religion »für die Aufrechterhaltung der menschlichen Gesellschaft«[10]!? Dem durch eine solche Philosophie nicht verdorbenen Menschen scheint mit dem Zugeständnis der Absurdität, der Vernunftwidrigkeit, die Religion erledigt: »Er kann nicht dazu verhalten werden, gerade in der Behandlung seiner wichtigsten Interessen auf die Sicherheiten zu verzichten, die er sonst für alle seine gewöhnlichen Tätigkeiten verlangt.«[11] Auch Kinder würden ja, wenn sie vernünftiger werden, bei Märchen fragen: Ist das eine wahre Geschichte?

Aber auch über die allgemeine Forderung nach intellektueller Redlichkeit und kritischer Rationalität hinaus ist bezüglich der speziellen Religionskritik von Freud zu sagen: Die *relative Berechtigung seines religionskritischen Ansatzes* ist ihm ebensowenig zu bestreiten wie Feuerbach und Marx. Was Feuerbach in philosophischer und Marx in politisch-sozialer, das will Freud in psychologisch-tiefenpsychologischer Perspektive: Emanzipation, umfassende Befreiung, mehr Menschlichkeit des Menschen! Und dies nun einmal gegen Bevormundung, Herrschaft, Unterdrückung durch Religion, Kirche, Gott selbst! Ganz zu Unrecht? Einige Punkte mögen zur Konkretisierung genügen, die sich im übrigen auch von Adler oder Jung her belegen ließen:

Zu Recht kritisiert Freud die *Fehlformen von Religion*. Christen sollten selbstkritisch zugeben:

Wo Religion völlig auf das »ganz Andere« konzentriert ist, geht der Kontakt zur Wirklichkeit notwendig verloren: Religiöse Fragen werden so leicht zu Selbsttäuschungen und Fluchtversuchen. Religion wird zu einer infantilen, wirklichkeitsblinden Bindung an ein tyrannisches Über-Ich, Gott zum Verschiebungsersatz.

Wo Religion sich allein auf Wunscherfüllung und nicht auf innere Wahrheit stützt, wird sie auf reine Bedürfnisbefriedigung reduziert: Solche Religion ist ohne Frage Rückwendung zu infantilen Strukturen, ist Regression auf kindliches Wünschen.

Wo Religion sich in starrer Buchstabentreue, in einem Paragraphengewissen, in zwanghafter, pedantisch-kleinlicher Repetition bestimmter Gebete, Formeln und Rituale manifestiert, geraten religiöse Vorstellungen in die Nähe von Wahnbildungen, religiöse Verrichtungen in die Nähe von Ersatzbefriedigung durch kultischen Wiederholungszwang: Solch sinnlos gewordene oder ungenügend motivierte religiöse Übungen sind oft von Angst, Schuldbewußtsein, Gewissensqualen diktierte Abwehr- und Schutzmaßnahmen gegen bestimmte, oft unbewußte Versuchungen und drohende Strafen – ganz ähnlich dem privaten Zeremoniell (z. B. Waschzwang) des Zwangsneurotikers.

Zu Recht kritisiert Freud auch den *Machtmißbrauch der Kirchen*. Es ist genügend bekannt:

Welch eine Fülle von Machtarroganz und *Machtmißbrauch* in der Geschichte der Kirchen: Intoleranz und Grausamkeit gegenüber Abweichlern, Kreuzzüge, Inquisition, Ketzerausrottung, Hexenwahn, Kampf gegen theologische Forschung, Unterdrückung der eigenen Theologen – bis heute.

Welch eine *Über-Ich-Wirkung* der Kirchen durch die Jahrhunderte: Herrschaft über die Seelen im Namen Gottes, Abhängigkeit und Unmündigkeit der armen Sünder, Tabugehorsam gegenüber ungeprüfter Autorität, immer wieder neue Unterdrückung der Sexualität und Mißachtung der Frau (Zölibat, Ausschluß der Frau von kirchlichen Ämtern) – bis heute.

Welch eine Anzahl *ekklesiogener Neurosen*: Neurosen aufgrund von Zwängen des kirchlichen Systems, klerikaler Herrschaft, Beichtpraxis, sexueller Verdrängung, Fortschritts- und Wissenschaftsfeindlichkeit – bis heute. Die »Chronique scandaleuse« des Christentums und der Kirchen ist hier nicht noch einmal aufzurollen[12].

Zu Recht kritisiert Freud schließlich das *traditionelle Gottesbild*. Es ist noch zu wenig bekannt:

Oft genug entspringt das Gottesbild eines Gläubigen statt ursprünglicher Einsicht und freier Entscheidung einem vorgeprägten strafenden oder gütigen *Vaterbild*.

Oft genug werden frühkindliche Erlebnisse mit Erwachsenen, die als »Götter« erscheinen, positiv wie negativ *auf Gott übertragen*, so daß hinter dem Gottesbild das eigene Vaterbild sichtbar wird, obwohl dies längst vergessen oder verdrängt wurde (auch Mutterbild – Gottesmutter – Mutter Kirche).

Oft genug wird der strafende Vatergott von Eltern bewußt zum *Erziehungsinstrument mißbraucht*, um ihre Kinder zu disziplinieren, mit langfristigen negativen Folgen für die Religiosität der Heranwachsenden.

Oft genug sind so *Religion und* die (von der Religion oft verdrängte) *Sexualität* von Anfang an derart miteinander *verschränkt*, daß scheinbar religiöse Konflikte nur Fixierungen an Urerlebnisse der Familienszene sind.

Bedeutung der Psychotherapie für die Religion

Für seine kritische Analyse nützte Freud, der einen glänzenden künstlerischen Sprachstil pflegte, in Theorie wie Praxis alle *Möglichkeiten der Sprache*, und dies nach H. M. Gauger in dreifacher Hinsicht[13].

Stilistisch-ästhetisch: Auf mittlerer Stilebene zwischen Pathos und Gewöhnlichkeit bringt er seine Anliegen und Auffassungen höchst eindrücklich zur Sprache.

Heuristisch: Sprichwörter, Redensarten, »durchsichtige Worte« sollen die dem Sprechenden unbewußte, verschüttete Bedeutungsebene zum Bewußtsein bringen.

Therapeutisch: Im Zusammenwirken von Patient und Therapeut ist die Sprache geradezu einziges Therapeutikum. Allerdings ein grundlegendes: Denn die Sprache ist das »für die ›Menschwerdung‹ konstitutive Phänomen des Bewußtseins, ... Sprache ermöglicht den Menschen«[14]. Aber nicht nur das »Ich« des Menschen, sondern auch sein »Über-Ich« ist sprachlich strukturiert, gebildet im Spracherwerb durch Internalisierung vorgegebener und weithin von den Eltern geprägter Sprachmuster: »Es ist ja bemerkenswert, daß wir, was man ›Gewissen‹ nennt, gleichsam vokal-akustisch in Analogie zum Sprachlichen auffassen: es erscheint uns wie eine Stimme, die in uns zu uns spricht, und zwar die Stimme eines anderen, Fremden, aber doch zu uns Gehörenden, in uns selbst.«[15] Bedeutung hat die Sprache schließlich auch für das dritte, unbewußte System der Psyche, das »Es«: Sprache spielt eine entscheidende Rolle bei aller Traumarbeit und deshalb bei aller Bewußtmachung und Verarbeitung von Verdrängungen. Daß aus dem unbewußten »Es« bewußtes »Ich« wird, ist somit für Freud ein sprachlich vermittelter Vorgang.

Ob nicht gerade Theologen und praktische Seelsorger, die ex professo mit dem »Wort« umzugehen haben, von Freud lernen sollten, welche vielschichtige Bedeutung die Sprache hat: für Verkündigung, Aussprache, Zuspruch, Bekenntnis von Schuld und Glauben – Sprache als befreiende, tröstende, sinnstiftende Kraft, die zum Selbstverständnis wie zum Verständnis der anderen, zur Selbstannahme wie zur Annahme der anderen verhelfen kann?

Psychologen und Theologen, Seelenärzte und Seelsorger haben heute in jeder Hinsicht Anlaß, intensiv zusammenzuarbeiten. Erfreulicherweise hat die *Annäherung von beiden Seiten* Fortschritte gemacht.

Immer mehr *Psychoanalytiker* kritisieren heute die Verbannung der Psychoanalyse in den Bereich der Naturwissenschaften: und dies tun nicht nur solche der neueren politisch-gesellschaftskritischen, sondern auch solche der orthodox-individualpsychologischen Richtung. Sie anerkennen neben den sexuellen auch zahlreiche geistige, ja religiöse Impulse, Anfragen, Probleme, die nicht verdrängt werden dürfen, sondern zugelassen werden müssen.

Immer mehr *Theologen und Seelsorger* aber entdecken heute die kritische Potenz der Psychoanalyse für Kirche und Theologie. Sie anerkennen die Psychoanalyse nicht nur als eine bessere kirchliche Hilfswissenschaft, sondern als eine eigene kritische Instanz, vor der die Theologie über den Realitätsbezug vieler ihrer Aussagen Rechenschaft ablegen muß, die aber auch wirksam zu einem nicht mehr infantilen, sondern erwachsenen

Glauben beizutragen vermag. Und dies auch inhaltlich: zur Klärung so wichtiger Begriffe wie Sünde und Schuld, Rechtfertigung und Vergebung, Leiblichkeit und Geschlechtlichkeit.

Der Mensch soll nach Freud zu sich selbst kommen, indem er seine Triebe, die Last seiner eigenen Geschichte und das Problem seines Schuldbewußtseins bewältigen lernt. Im »Realitätsprinzip« ist ein ethischer Appell verborgen, der sich mit großen humanen Intentionen auch des christlichen Glaubens deckt. So wird die Auseinandersetzung mit Freud zur Forderung an das christliche Menschenverständnis, den Menschen auch seiner psychischen Wirklichkeit nach als freien, reifen, wirklichkeitsbezogenen und getrösteten Menschen zu verstehen, für den alles davon abhängt, ob er lernt, sich selber anzunehmen, sich mit der Wahrheit seiner Vergangenheit auseinanderzusetzen, Gefühle des Versagens und der Schuld auf ihre Ursache hin zu durchleuchten und zu bewältigen. So könnten christlicher Glaube und Psychoanalyse Partner im selben humanen Ziel werden.

Trotzdem sind die *Grenzen* zu sehen: Die Kompetenz des *Psychoanalytikers* bleibt auf die Wirklichkeit des Psychischen beschränkt. Die Psychoanalyse darf also nicht die Gesamtwirklichkeit auf den Bereich des Psychischen reduzieren, will sie nicht der Gefahr einer »reduktionistischen Hermeneutik« verfallen[16]. Die Psychoanalyse kann zwar neurotische Schuldgefühle beheben, aber nicht von realer Schuld befreien. Sie kann psychosomatische Krankheiten beheben, aber nicht letzte Fragen bezüglich Sinn und Unsinn, Leben und Sterben beantworten. Ihr Ziel ist Bewußtmachung, nicht Vergebung, ist Heilung, nicht Heil.

Freilich, die letzten Fragen rufen nach Antwort, für Kranke und Gesunde. Schon die Neurosen-Probleme sind sehr oft mit grundlegenden Lebens-Problemen verbunden und lassen die Patienten manchmal fragen: Heilung – wozu? Eine nicht nur skeptisch-resignativ rückwärtsgewandte, sondern progressiv-kommunikativ vorwärtsgewandte Psychoanalyse wird die

Frage nach dem Sinn des Lebens und auch des Leidens und Sterbens nicht schlechthin ausblenden dürfen. Nur muß der Psychotherapeut dann wissen: Solche Fragen, die aufs Ganze gehen, wird er nur dann beantworten können, wenn er in bewußter Grenzüberschreitung auf irgendeinen – religiösen oder nichtreligiösen – Glauben zurückgreift.

Der *Theologe* seinerseits wird in psychologischen Fragen zurückhaltend sein müssen: Als Schiedsrichter in den verschiedenen psychotherapeutischen Kontroversen ist er als Nichtfachmann von vornherein nicht geeignet. Er soll nicht binnenpsychologische Positionen beurteilen wollen, wohl aber soll er psychologische Positionen, die für die Religion Bedeutung haben, in ihrer Problematik zur Kenntnis nehmen. Und da kommt er nun freilich um das mühselige Geschäft nicht herum, im Hinblick auf die Religion bestimmte Ergebnisse der Psychoanalytiker und die Kritik ihrer Gegner zu sichten.

Ist der Preis der Genialität die Einseitigkeit? Manche übertrieben scheinende Ansichten Freuds, die er mit seiner psychoanalytischen Theorie verbindet, mögen persönlichen Charakter haben und in seiner eigenen psychischen Entwicklung, gar Neurose, grundgelegt sein. Aber selbst wo er – nicht selten stark dogmatisch und zu formellen Korrekturen ungern bereit – vernachlässigt oder abwertet, was seinen Lehren entgegensteht, behält er mit seinen positiven Anliegen recht. An einigen auch für die Religion und Religiosität wichtigen Punkten seien Kritik und Gegenkritik[17] knapp illustriert.

Kritik und Gegenkritik

1. Die Kritik macht geltend: Freud habe den Begriff der *Libido überdehnt* und ihn unter Mißachtung der Unterschiede undifferenziert und mechanistisch auf alle möglichen Äußerungen nicht nur der Sexualität, sondern auch der Sympathie, der Freundschaft, der Eltern-, Kindes- und Selbstliebe und der

Religiosität ausgedehnt, so daß die Sexualität allgegenwärtig und allwirksam werden mußte.

Konkret wird eingewendet: Der Sexualität kann kaum solche psychische Universalität zugebilligt werden. Andere Trieb- und Persönlichkeitsfaktoren, die ganze Komplexität und Vielpoligkeit der Trieb- und Persönlichkeitsstruktur verlangen nach adäquater Berücksichtigung. Schon das Saugen, Essen, Laufen des Kleinkindes bereitet zwar Lust, aber diese Lustgefühle sind nicht sexueller Art. Auch aus Traumsymbolik und Phantasien lassen sich nur dann überall sexuelle Motive herauslesen, wenn sie von vornherein in einem sexuellen Horizont gesehen werden. Nicht alles Vergessene ist verdrängt, nicht jede Fehlleistung verborgen sinnvoll. Träume sind längst nicht immer Erfüllungen unerfüllbarer Wünsche: Ihnen liegen nicht nur sexuelle Wünsche zugrunde, sondern ein breites Spektrum von Emotionen, Affekten, Stimmungen, Empfindungen, Trieben, Bildern als gleichberechtigte Motive, die keine schematische Deutung vertragen; Traummaterial ist jede Problematik, die im Tagleben unerledigt blieb, ist jede Gefühlsregung, die im Tagleben nicht zu ihrem Recht kam. Sexualität und Liebe, sexueller Reiz und Reiz der Persönlichkeit, müssen, obwohl oft verbunden, grundsätzlich unterschieden werden. Die Übertragung naturwissenschaftlicher, physiologischer und gehirnmechanischer Theorien auf das seelische Geschehen, das nach dem Funktionieren eines Reflexapparates verstanden wird, hat dort ihre Grenzen, wo spezifisch menschliche Bedürfnisse ins Spiel kommen, die alle physiologisch programmierten Instinkte transzendieren.

Trotzdem bleibt wahr: Der Mensch ist in seinem ganzen bewußten und auch in seinem religiösen Leben ständig entscheidend mitbestimmt von unbewußten, aber sehr dynamischen und ins Licht des Bewußtseins drängenden Erfahrungen und Erinnerungen, Inhalten und Tendenzen, psychischen Faktoren, unter denen der Sexualität eine erstrangige Rolle zukommt. Gestörte Sexualität ist Ursache vieler auch religiös sich äußernder Neurosen (z. B. krankhafter Skrupulosität, Aggressivität, Frömmelei und Fanatismus). Sexualität erlangt gerade dann eine omnipräsente Virulenz, wenn sie nicht verarbeitet und in die Persönlichkeitsstruktur integriert ist.

2. Die Kritik macht geltend: Freud hat die *frühkindlichen Erlebnis- und Umweltfaktoren* gegenüber den angeborenen Anlagen (Erbmasse, Einflüsse im Mutterschoß und beim Geburtsvorgang) *überbewertet.*

Konkret wird eingewendet: Den sexuell bestimmten Kindheitstraumata kann kaum ausschließliche Bedeutung zuerkannt werden. Frühkindliche Traumatisierungen und Fehlentwicklungen dürfen in ihrer Wirkung nicht überschätzt, Pubertätskonflikte dagegen, entscheidend für das Erwachsenwerden des Menschen, nicht unterschätzt werden. Wie frühkindliches Sexualinteresse, das auf kein unmittelbares Sexualziel gerichtet ist, und erwachsene Sexualität nicht die gleiche Qualität haben, so können auch andere Konflikte späterer Entwicklungsstufen und Situationen nicht einfach auf frühkindliche Erlebnis- und Umweltfaktoren reduziert werden. Träume verarbeiten überwiegend aktuelle und nicht nur in die frühe Kindheit zurückweisende Anlässe und Materialien.

Trotzdem läßt sich nicht bestreiten: Neben allen später aus verschiedenen Gründen (Gewissen, Umgebung, Autoritäten) verdrängten Inhalten sind es doch auch Triebwünsche und Konflikte aus frühester Kindheit, die das Denken, Fühlen, Wollen und Handeln des Menschen und auch seine Religiosität bestimmen. Aus den unverarbeiteten Ereignissen der frühen Kindheit resultieren nur zu oft die entscheidenden Probleme und Schwierigkeiten eines ganzen Lebens, ohne daß es dem Betroffenen bewußt wird.

3. Die Kritik macht geltend: Ein normal funktionierendes Sexualleben schließt neurotische Störungen nicht aus, die folglich auch *andere als sexuelle Ursachen* haben können. Deshalb kann die freie Betätigung der Sexualität den Menschen ebenso in *Konflikte* stürzen wie ihre Verdrängung. Sogar die psychoanalytische Behandlung kann negative Folgen haben: Verunsicherung instinktiver Verhaltensweisen, Störungen des Taktgefühls, ungelöste Übertragungen besonders bei jahrelangen Analysen (Fixierung auf die Person des Arztes), absolute Relativierung der ethischen Werte oder dogmatische Verkrampfung.

Konkret wird eingewendet: Die Freudsche Therapie kann kaum als die einzig mögliche Methode seelischer Konfliktbewältigung betrachtet werden. Die positiven vitalen, ethischen, auch religiösen Zielsetzungen dürfen nicht vernachlässigt und Bewußtsein, Verantwortlichkeit und Willen müssen angesprochen werden. Eine allmählich zunehmende positive Mitarbeit des Patienten und ein wechselseitiges Gespräch sollen angestrebt und eine Verkürzung der (sonst nur Wohlhabenden zugänglichen) Behandlung ermöglicht werden (Kurztherapie bei den zahlreichen aktuellen Konflikten und weniger tief verwurzelten Neurosen; Forderung der Gruppentherapie). Nicht zu Unrecht wird zur Ergänzung der analytisch-zergliedernden Arbeit von manchen eine synthetisch-intuitive Arbeit gefordert: zur Selbstfindung, zum Neuaufbau einer ganzheitlichen Persönlichkeit und zur Weckung der produktiven Kräfte und Tendenzen, damit der Mensch wieder den Weg ins Leben und die Integration in die Gesellschaft finde (»Psychosynthese«, »Psychagogik«[18]). Also eine nicht nur rückwärts, sondern vorwärts gerichtete, prospektive Orientierung, bei der die positive Lebensauffassung des Psychotherapeuten – der Psychotherapeut als Partner! – eine große Rolle spielt. Religion kann hier äußerst wichtig werden.

Trotzdem darf nicht übersehen werden: Erziehung zur unbedingten Aufrichtigkeit auch bezüglich der Sexualität ist gerade für das Ethos wichtig. Das »Erkenne dich selbst« kann zur Grundlage des Neuaufbaus der Persönlichkeit werden. Die Analyse der Genese bestimmter Konflikte darf bei deren Lösung nicht vernachlässigt werden. Bei Konflikten, die aufgrund von Kompromissen zwischen unbewußten Triebwünschen oder zwischen Bewußtem und Unbewußtem (abgewiesene und verschleiert doch halb akzeptierte Triebwünsche) entstehen, muß eine reifere Konfliktlösung durch Bewußtmachung der unbewußten Motive herbeigeführt werden: Der Patient soll lernen, die verdrängten Regungen (auch ursprünglich sexuelle Impulse) entweder in Wirklichkeit zu befriedigen oder sie, wenn dies unmöglich ist, durch Ersatzbefriedigung zu sublimieren oder aber auf die Befriedigung erfolgreicher als bisher zu verzichten, so daß die Krankheitssymptome verschwinden und ihm der Weg zu neuer Entwicklung und vollem Gebrauch der vitalen Energien eröffnet wird.

4. Die Kritik macht geltend: Der *Ödipuskomplex* (des Mannes) und entsprechend der *Kastrationskomplex* (der Frau) sind *als universale Phänomene nicht erwiesen worden*, obwohl dies klinisch, ontogenetisch und phylogenetisch versucht wurde.

Konkret wird eingewendet: Inzestuöse Bindung an die Eltern wurde als normales Vorkommnis im Kindesalter weder von Ethnologen noch von Psychologen je bewiesen: kein regelmäßiges Vorhandensein positiver sexueller Bindungen an den Elternteil des entgegengesetzten Geschlechts und einer Eifersucht auf den gleichgeschlechtlichen Elternteil! Entscheidender Faktor bei der Auslösung von Neurosen ist weniger das kindliche Luststreben, sind vielmehr jene widrigen Verhältnisse in Familie und Gesellschaft, die dem Kind das Gefühl der Unsicherheit, Hilflosigkeit und Wehrlosigkeit geben. Sexuelle Schwierigkeiten erweisen sich oft mehr als Ergebnis denn als Ursache des neurotischen Charakters. Fixierungen von inzestuösen Kindheitsbeziehungen dürfen also nicht verallgemeinert und ins Grobsexuelle verzerrt werden. Es darf nicht einfach ein dogmatisch vorgegebenes sexuelles Schema über alle möglichen Beobachtungen und Tatsachen gestülpt werden.

Trotzdem bleibt wahr: Mit dem Ödipus- oder Kastrationskomplex berührt Freud Punkte, die wichtige allgemeinmenschliche Konfliktstoffe enthalten; Gefühle und Affekte gegenüber früheren und besonders den frühesten Bezugspersonen, Mutter und Vater, sind und bleiben für das ganze Leben des Menschen von grundlegender Bedeutung.

Im Hinblick auf spätere Gedankenführungen mag dieser letzte Punkt ein wenig kritisch erläutert werden: Bedarf nicht auch der *Ödipuskomplex* – und dies nicht nur religionsgeschichtlich – der *Entmythologisierung*? Zwar nicht der Eliminierung, wohl aber der verstehenden Interpretation?

Wörtlich genommen erscheint der Ödipuskomplex vielen Psychologen als Mythos. Und es läßt sich nicht von vornherein abweisen, was der Traumforscher A. Hoche, zweifellos Sprecher für viele, humorig-einseitig so ausdrückt: »Das Verfahren der Psychoanalytiker, die in ihren Fällen entdecken, was das Dogma hineinprojiziert, erinnert an die Väter, die mit erfreuter Miene vor ihren Kindern die Ostereier finden, die sie selber versteckt haben ... Es ist eine merkwürdige Sache hiermit. Ich habe mich ehrlich bemüht, in langen Jahren jemanden zu finden, der seine Mutter begehrte und den Wunsch hatte, seinen Vater totzuschlagen. Es ist mir nicht gelungen. Anderen erfahreneren Kollegen geht es nicht anders. Der Ödipuskomplex fährt in der Literatur herum wie der Fliegende Holländer auf den Meeren: Jeder spricht von ihm, einige glauben an ihn, aber niemand hat ihn gesehen.«[19]

Entmythologisiert jedoch drückt der Ödipuskomplex eine Wahrheit aus. Im Anschluß an Freuds berühmte »Drei Abhandlungen zur Sexualtheorie« versuchten Psychoanalytiker die ganz frühen Entwicklungsvorgänge im Kleinkind, die »Entstehung der ersten Objektbeziehungen«, genau zu erforschen: sei es durch Rekonstruktion aufgrund der Analyse späterer Phasen, sei es durch direkte Beobachtung von Kindern. Neben den angeborenen Anlagen ist die erste Objektbeziehung, nämlich die Beziehung des Neugeborenen zu seiner *Mutter* oder ihrer Stellvertreterin, von grundlegender Bedeutung für das

Werden der Persönlichkeit: »Für das Neugeborene besteht die Umwelt gleichsam aus einem einzigen Individuum, der Mutter oder ihrer Stellvertreterin« (R. A. Spitz)[20]. Der Säugling verbringt sein erstes Lebensjahr in Einheit, in Symbiose mit der Mutter, gleichsam in einem »geschlossenen System« (»Dyade«).

Nun ist aber das Auftreten einer zweiten Bezugsperson, im Regelfall der *Vater*, von nicht geringerer Bedeutung. Denn dadurch kommt es zu der dreipoligen Kind-Eltern-Beziehung. Das »geschlossene« Mutter-Kind-System öffnet sich, das symbiotische Bezugsverhältnis erweitert sich zu einer Dreiergemeinschaft, in der Konkurrenz und Konflikt eine wichtige Rolle spielen. Und ob man nun den Konflikt in dieser *Dreipersonenbeziehung* »Ödipuskomplex« nennt oder nicht, man wird nicht bestreiten können, was der entscheidende sachliche Gehalt dieses Terminus ist: »Was sich in der Zeitphase des Ödipuskomplexes (vom zweiten bis sechsten Lebensjahr) zwischen diesen drei Personen abspielt, wie es vom heranwachsenden Kind erlebt und gemeistert wird, trägt entscheidend zur Charakterbildung bei. Mit anderen Worten: Die endgültigen Grundlagen aller späteren Weisen des Fühlens, Denkens und Handelns werden in dieser Periode geprägt... Bleiben die Erfahrungen der Ödipusphase unbewältigt, dann sind später neurotische Symptome praktisch die Regel« (W. Loch)[21].

Ob dies alles für das psychologische Verständnis von Religion nicht sehr wichtig ist? Gerade diesen letzten Problemkreis werden wir nicht aus den Augen verlieren dürfen. Könnte aber nicht umgekehrt auch die Religion für die Psychotherapie sehr wichtig sein?

Für Freud hatte die Religion noch die Funktion einer »universellen Zwangsneurose«. Für *C. G. Jung* hingegen ist gerade der *Mangel an Religion*, lebendiger Religion, *Ursache zahlreicher Neurosen*: Es schien ihm, »als ob parallel mit dem Niedergang des religiösen Lebens die Neurosen sich beträchtlich vermehrt hätten«[22]. Für Freud also schafft die Religion Neurosen und ist sie Neurosenersatz, für Jung schafft sie Neurosenheilung und verhindert Neurosenentstehung. Jung hatte beobachtet: »Unter allen meinen Patienten jenseits der Lebensmitte, das heißt jenseits 35, ist nicht ein einziger, dessen endgültiges Problem nicht das der religiösen Einstellung wäre. Ja, jeder krankt in letzter Linie daran, daß er das verloren hat, was lebendige Religionen ihren Gläubigen zu allen Zeiten gegeben haben, und keiner ist wirklich geheilt, der seine religiöse Einstellung nicht wieder erreicht, was mit Konfession oder Zugehörigkeit zu einer Kirche natürlich nichts zu tun hat.«[23]

Zu lösen ist ja nicht nur die Organisation der Triebe, sondern auch die *Frage nach dem Sinn des Lebens*: Jung sieht in der Psychoneurose letztlich »ein Leiden der Seele, die ihren Sinn nicht gefunden hat«[24]. Was aber wird, wenn ein Mensch »*keine Liebe* hat, sondern bloß Sexualität, keinen *Glauben*, weil ihn die Blindheit schreckt, keine *Hoffnung*, weil ihn Welt und Leben desillusioniert haben, und keine *Erkenntnis*, weil er seinen eigenen Sinn nicht erkannt hat«[25]? Hier öffnet sich nach Jung eine Problematik, die man gar nicht ernst genug nehmen kann und die den Seelenarzt in nächste Berührung mit dem Seelsorger bringt. Hier geht es nicht nur um die Frage verdrängter Sexualität, selbst wenn die Sexualsphäre tatsächlich gestört ist. Hier geht es um die Frage nach dem Sinn des Lebens, gegenüber der die Störung der Triebsphäre sekundär sein kann. »Deshalb nehme ich die religiösen Probleme, die mir der Patient vorlegt, durchaus als eigentliche und als mögliche Ursache der Neurose.«[26]

Von zentraler Bedeutung, gleichsam »Inbegriff des moralischen Problems« und »Kern einer ganzen Weltanschauung«[27], ist dabei, daß der Mensch *sich selber annehmen* lernt: und zwar auch mit seiner Schattenseite, mit allem Unvernünftigen, Sinnlosen, Bösen! Aber gerade hier genügt es nicht, die Schattenwelt und das Böse nur wie Freud in der Psychoanalyse bewußt zu machen: »Freud hat leider ganz übersehen, daß der Mensch noch zu keiner Zeit imstande war, allein mit den Mächten der Unterwelt, das heißt des Unbewußten, fertig zu werden. Er bedurfte dazu stets der geistigen Hilfe, welche ihm seine jeweilige Religion gewährte... Dem leidenden Menschen hilft nie, was er selbst ersinnt, sondern nur übermenschliche, geoffenbarte Wahrheit, die ihn dem leidenden Zustand enthebt.«[28]

Mehr als Freud und Jung legt *Erich Fromm*[29], der 1900 in Frankfurt/Main geborene deutsch-amerikanische Psychoanalytiker jüdischer Herkunft, darauf Gewicht, den Menschen nicht nur abstrakt-individualistisch als homo psychologicus zu sehen, sondern, wie Adler, in seinem wesentlichen Bezug zur Welt und so immer mehr – im Gefolge des jungen Marx – in seiner sozialpsychologischen und soziologischen Dimension. Freud und Marx sind zusammenzudenken: Das wird immer deutlicher das Anliegen E. Fromms[30]. Denn: Die Leidenschaften des Menschen sind nicht einlinig aus biologisch vorgegebenen Instinkten ableitbar; sie sind sozio-biologisch aus der Bezugsetzung menschlicher Bedürfnisse zur Umwelt gebildet und so wesentlich schon Ergebnis sozialer und kultureller Verhältnisse.

Auch der *Psychoanalytiker* selbst steht in diesem Weltbezug: Sein Denken und Fühlen wird *von seiner Weltanschauung und seinem Wertsystem beeinflußt*. Seine Deutungen sind verschieden, je nachdem, wer er selber ist. Zwei Grundhaltungen sind hier zu beobachten[31]. Die einen Psychoanalytiker amten als »Anpassungsberater«: Das erste Ziel des Lebens und auch der Psychoanalyse ist die »soziale Anpassung«, Anpassung an das bestehende soziale Gefüge. Die anderen Psychoanalytiker sehen sich als echte »Seelenärzte«: Das erste Ziel ist dann die »Seelenkur« (Seelsorge), das heißt die optimale Entwicklung der Möglichkeiten eines Menschen, die Verwirklichung seiner Individualität und seiner moralisch-intellektuellen Integrität, in der Entfaltung einer produktiven Bejahung des Lebens, der Liebe.

Und wie sieht Fromm von diesem Ansatz aus die *Religion*? Er macht dies in seinen Vorlesungen »Psychoanalyse und Religion« klar, die eine konsequente Weiterführung der Abhandlung »Psychoanalyse und Ethik« [32] darstellen: Psychoanalyse, der es um menschliche Individualität und Integrität geht, steht *zu einer echt humanitären* (nicht autoritären) *Religion in keinem unversöhnlichen Gegensatz* [33]. Denn eine solche humanitäre Religion ist gewiß nicht einfach von einer übernatürlichen Macht abzuleiten, der man sich zu unterwerfen habe; sie bedarf nicht unbedingt eines jenseitigen Gottes, in dem allein das Ja zum Leben gründen könnte. Sie ist aber auch nicht einfach, wie das bei Freud geschieht, auf ein Über-Ich, ein angeblich autoritäres Gewissen, zurückzuführen: Als ob das Gewissen nicht auch ausgleichend und »beruhigend« sein könnte; als ob es dem Menschen nicht helfen könnte, Entfremdung und Nicht-Identität zu überwinden. Im Gegenteil: Der echten Religion geht es wie auch der Psychoanalyse um die Erkenntnis der Wahrheit, die Freiheit und Unabhängigkeit des Menschen, seine Liebesfähigkeit, um die sozialen Bedingungen, in denen sie gedeihen können, um die Erkenntnis des Unterschieds zwischen Gut und Böse und das Hören auf das Gewissen.

Die im weitesten Sinn des Wortes »religiöse« Haltung der Verwunderung, des Ergriffenseins und des Einswerdens mit dem All findet sich nach Fromm ähnlich auch in der Psychoanalyse: ein Prozeß der Durchbrechung der Schranken des bewußten Ich (Ego) und des Kontakts mit dem ausgeschlossenen Unbewußten, das zur Hingabe an einen das Individuum transzendierenden Rahmen der Orientierung, zu einem vorbehaltlosen Ja zum Leben strebt. Dieses Unbewußte darf freilich weder mit Freud nur als das Verdrängte, Negative, »Böse« verstanden werden, noch mit Jung geradezu als Quelle der Offenbarung und als Symbol für Gott. Unser Unbewußtes, im System der Leidenschaften individuell geformt, steht schon in Kontakt mit der Umwelt und reagiert auf sie bejahend oder verneinend, beginnt schon, die menschlichen Bedürfnisse nach Verwurzelung, Identität, Wirksamkeit und Hingabe auf produktive oder verneinende Weise zu verwirklichen, und enthält deshalb beides: Niedrigstes und Höchstes, Schlechtes und Bestes, das Ja und das Nein zum Leben, alle möglichen Wünsche, Befürchtungen, Ideen und Einsichten, die nicht verdrängt, sondern im Sinne der höchsten Werte der Religion durchdrungen und integriert werden müssen. *Das Unbewußte* somit auch *Ort positiver menschlicher Möglichkeiten.*

Kein unversöhnlicher Gegensatz also zwischen Psychoanalyse und Religion, keine Bedrohung echter, humanitärer Religion durch die Psychoanalyse! Für Fromm lautet die Frage nicht wie für Freud: Religion oder nicht Religion, sondern: welche Religion? Es kommt somit für Fromm darauf an, was man unter »Religion« versteht[34]. *Bedroht* von der Psychoanalyse ist gewiß der *»wissenschaftlich-magische« Aspekt* der Religion: die unverifizierbaren Hypothesen über die Natur und ihre Erschaffung. *Nicht bedroht* aber sind der *»erlebnismäßige«* und der *»semantische« Aspekt*: religiöses Gefühl und Hingabe und die in Leben und Bräuchen symbolische Sprache. Gerade hier kann die Psychoanalyse, auch wenn ein Psychoanalytiker wie Fromm keine positiven Aussagen über Gott zu machen vermag, zu einer neuen Einschätzung der in der Religion niedergelegten tiefen Weisheit verhelfen.

Nicht bedroht ist auch der *»ritualistische« Aspekt* der Religion: Freilich, Freud hatte zu Recht eine Parallelität bestimmter religiöser Riten mit neurotischen Zwangshandlungen festgestellt. Aber er und manche Psychoanalytiker haben übersehen, daß es neben den irrationalen Riten, die Verdrängungs- und Zwangscharakter haben und deren Versäumnis Angst und Schuldgefühle auslöst, auch rationale, dem Leben dienende Kultformen gibt, die ohne Zwang »unsere Hingabe an höchste Werte in Gemeinschaft mit anderen durch Handlungen ausdrücken«[35]. Zusammen mit weltlichen Riten (Grußformen, Beifallklatschen, Totenehrung u. a.) gibt es auch *sinnvolle religiöse Riten.* »Ein religiöses Reinigungsritual kann als sinnvoller, rationaler Ausdruck einer inneren Läuterung ohne einen Zusatz von Zwangsmäßigkeit oder Irrationalität verstanden werden, ein symbolischer Ausdruck unseres Wunsches nach innerer Reinheit in der Form eines Ritus zur Vorbereitung einer Handlung, die volle Konzentration und Hingebung erfordert. Ebenso können Riten wie Fasten, religiöse Trauungszeremonien, Konzentrations- und Meditationsübungen völlig rational sein und bedürfen darum keiner Analyse außer derjenigen, welche aufhellt, was damit gemeint ist.«[36] Das Bedürfnis auch des modernen Menschen nach einem Ritus wird Fromm zufolge weithin unterschätzt.

Freilich ist bei aller positiven Würdigung der Funktion von Religion im individuellen und soziokulturellen Bereich durch Fromm eines festzuhalten: Wie Adler, so macht auch Fromm *keine Konzessionen an den Gottesglauben* als Erfahrung einer Wirklichkeit, die unabhängig von Mensch und Welt existiert. Auch für ihn steht bei der Frage nach Religion nicht Gott, sondern der Mensch als letzte Wirklichkeit im Zentrum. Gefragt wird nach der Funktion des Gottesglaubens, nicht nach Gottes Wirklichkeit. Daher: Nach Fromm sollte es nicht so sehr um die Bejahung oder Verneinung Gottes, von dem wir nichts wissen können, sondern um Bejahung oder Ablehnung bestimmter menschlicher Haltungen gehen. Eine menschliche Haltung, die Fromm im humanitären Sinn »religiös« nennen möchte, soll entwickelt werden: statt einer Vergottung von Dingen oder Aspekten der Welt eine Haltung der Liebe und der Vernunft! Ob indessen nicht jeder ernsthafte Gottgläubige zumindest

Fromms Ablehnung der modernen Götzendienerei zustimmen wird? »Nicht Bildnisse aus Stein und Holz sind die Idole. Worte können Idole werden; Maschinen können Götzenbilder sein; Führer, der Staat, Macht und politische Gruppen können diese Rolle spielen. Die Wissenschaft oder die Meinung der Leute über uns können zu Götzen werden – und Gott ist für viele ein Idol geworden.«[37] Ja, das sei Fromm zugegeben, auch Gott kann zu einem Idol werden. Aber kann man Gott nicht auch als Psychoanalytiker anders sehen?

In dieser Hinsicht geht *Viktor E. Frankl* – 1905 in Wien geboren, oft Begründer einer »Dritten Wiener Richtung der Psychotherapie (Logotherapie)« genannt und vor allem in den USA einflußreich – auch über Jung und Fromm hinaus. Nach ihm wird der Mensch nicht nur von einem unbewußt Triebhaften (Freud) oder auch unbewußt Psychischen (Jung) beherrscht, sondern von einem unbewußt Geistigen oder einer unbewußten Geistigkeit bestimmt. Nach Frankl ist der Psychotherapeut im Alltag seiner Praxis ständig auch mit weltanschaulichen, geistigen Fragen konfrontiert, die als solche unmittelbar ernstgenommen werden müssen. Sie dürfen nicht von vornherein als Sublimierung der Libido demaskiert (Freud) oder als unpersönlicher Ausdruck eines kollektiven Unbewußten (Archetypen) interpretiert (Jung) werden. Diese Fragen konzentrieren sich auf die von Freud völlig vernachlässigte und von Adler und Jung allzu kurzschlüssig psychologisierte Frage nach dem Sinn des Menschenlebens. Nicht schon von der Seele, der »Psyche«, sondern *erst vom Geist, vom »Logos« her* sei *Heilung*, sei jene geistige Ausrichtung, die der Mensch zur Gesundheit und Lebensführung braucht, möglich. Gerade die Religiosität dürfe deshalb nicht verdrängt werden. So fordert Frankl eine am Geistigen orientierte Psychotherapie und den – freilich nie zu erzwingenden – bewußten »Willen zum Sinn (Logos)«: Die Psychoanalyse muß zur Existenzanalyse, die weltliche Beichte zur ärztlichen Seelsorge, die Psychotherapie zur *Logo-therapie* fortschreiten. Auch Frankl geht empirisch vor: Am Modell des Gewissens und der existenzanalytischen Traumdeutung, mit zahlreichen Beispielen aus der eigenen Praxis, versucht er, den Leser von der Wirklichkeit einer unbewußten Religiosität und Gottbezogenheit zu überzeugen.

Freilich stellen sich auch hier *Fragen*: Ob man so rasch von der »Faktizität« auf die »Transzendentalität« des Gewissens schließen kann: von der Stimme des Gewissens auf eine »außermenschliche Instanz« gar »personaler Seinsart«, ja auf einen »unbewußten Gott«[38]? Urteilt Frankl von dieser religiösen Position her nicht allzu leichtfertig über die »irreligiösen Menschen« und ihren »Hochmut«[39]? Wo Fromm allzu reserviert in einer negativen Psychologie (Theologie?) verharrt, bewegt sich Frankl allzu passioniert auf eine positive Theologie (Psychologie?) hin. Und wo Freud nur Triebhaftes, ja Sexuelles sieht, sieht Frankl schon Geistiges, ja Religiöses aufscheinen...

Aber das wird man Frankl zugestehen müssen: Schon Jahrzehnte, bevor das Sinnlosigkeitsgefühl zur Massenneurose zu werden droht, hat er deutlicher als jeder andere der großen Psychotherapeuten gefordert, daß die Psychotherapie sich den geistigen Fragen und ganz besonders der *Sinnfrage* und schließlich auch der *Gottesfrage* stelle und so der Konfrontation mit der Theologie nicht ausweiche[40].

Inzwischen aber sind immer mehr *Psychoanalytiker auch aus der Schule Freuds* auf das aufmerksam geworden, worauf Jung und Frankl schon früh hingewiesen haben: Im Wien Freuds vor dem Ersten Weltkrieg – auch dort eine Periode »viktorianischer« Prüderie – stand zu Recht das Problem der *verdrängten Sexualität* im Mittelpunkt therapeutischer Bemühungen. Das »Es« bedurfte damals einer intensiven Analyse. Jetzt aber zieht erneut das »Ich« die Aufmerksamkeit auf sich. Die soziokulturellen Bedingungen der meisten Neurosen dürfen nicht übersehen werden. Müßte jetzt nicht auch das Problem der *verdrängten Religiosität* reflektiert werden?

Seit der Jahrhundertmitte steht jedenfalls das *Problem der Identität* des Menschen im Vordergrund: Man kann dafür Erik Eriksons »Childhood and society« (1950)[41] und Rollo Mays »Man's search for himself« (1953)[42] anführen. Aufgrund seiner und seiner Kollegen klinischen Erfahrungen hatte May damals festgestellt: »Das Hauptproblem des Menschen im mittleren Jahrzehnt des 20. Jahrhunderts ist *Leere* (›emptiness‹)«[43]; »der Mensch kann nicht für sehr lange in einer Bedingung der Leere leben: Wenn er nicht auf etwas hinwächst, so stagniert er nicht nur, sondern die aufgestauten Potentialitäten verwandeln sich in Krankheit und Verzweiflung und vielleicht sogar in zerstörerische Aktivitäten«[44]; »das *Gefühl* der Leere... kommt im allgemeinen vom Gefühl der Menschen, daß sie *machtlos* sind, irgend etwas Wirksames zu tun für ihr Leben und die Welt, in der sie leben«[45]. Einige Jahre später – unterdessen waren die Studentenrevolten mit Macht ausgebrochen – konnte May schreiben: »Die kulturellen Werte, durch die Menschen ihr Identitätsbewußtsein erhielten, sind weggefegt worden. Unsere Patienten waren sich dieses Tatbestandes bewußt, *bevor* es die Gesellschaft im großen war, und sie hatten nicht die Verteidigungsmöglichkeiten, um sich gegen die störenden und dramatischen Konsequenzen zu schützen.«[46]

In der Tat: Braucht es in heutiger Zeit noch den ungeheuren Mut eines Freud, um einer muffigen Sexualmoral und Sexualprüderie entgegenzutreten? Wird heute nicht eher das Geistige als das Sexuelle verdrängt? Ist nicht neben der Verdrängung auch die von Freud nicht genügend davon abgehobene Beherrschung der Sexualität ein echtes Problem? Sind in der gegenwärtigen Konsumgesellschaft nicht die Bequemlichkeits- und Verwöhnungshaltungen und Süchte aller Art von der Zigarette bis zur Droge die spezifischen Verhaltensstörungen? Und geht es heute nur um die Wiedergewinnung der Genuß- und Leistungsfähigkeit und nicht vielmehr um die Wiedergewinnung eines echten Lebenssinns und Lebenszwecks?

Nein, nicht mehr die Verdrängung von Sexualität und

Schuld ist die *charakteristische Neurose unserer Zeit*, sondern *Orientierungslosigkeit, Normenlosigkeit, Bedeutungslosigkeit, Sinnlosigkeit, Leere*, und damit die *Verdrängung von Moralität und Religiosität*: Immer mehr Psychotherapeuten verschiedenster Richtung beklagen heute »das Überwuchern des Lustprinzips bei gleichzeitiger Vernachlässigung und Verdrängung geistiger und religiöser Prinzipien« (E. Wiesenhütter)[47]. Die gesamte Entwicklung – auch das Problem der Anfälligkeit gerade der gebildeten Jugend für quasireligiöse Ideologien bis hin zum terroristischen Anarchismus – hängt in einem nicht geringen Ausmaß mit der Loslösung von religiösen Überzeugungen und Riten zusammen! Ob nicht gerade sie Individuation und Selbstfindung des Menschen fördern, als Ordnungsfaktoren Orientierung anbieten und durch Förderung und Steuerung von Sensitivität und Emotionalität zur Kreativität, zur Bewußtseinserweiterung verhelfen könnten? Auch zur Aufarbeitung der eigenen Vergangenheit, zu einer echten »Regression«? Denn eine falsch verstandene Regression kann gerade im religiösen Bereich eine verderbliche Flucht sein, dann nämlich, wenn der Mensch in infantile Verhaltens- und Erlebnismuster zurückfällt, die seinem gegenwärtigen Alter und seiner gegenwärtigen Lebenssituation nicht angemessen sind. Aber eine richtig verstandene Regression mit Hilfe bestimmter religiöser Übungen (Gebet, Gottesdienst, Gewissenserforschung, Beichte) kann für einen gesunden Menschen höchst hilfreich sein und den Weg zur Progression und Reifung ebnen, insofern er nämlich Vergessenes oder Verdrängtes in seiner Lebensgeschichte wiedererlebt, positiv verarbeitet und zu seiner Selbstidentifikation integriert.

Der Atheist *Freud* hat zweifellos das Christentum grundsätzlich abgelehnt. Aber stand er ihm faktisch so fern? »Ich habe, wie Sie zugeben, viel für die Liebe getan«, so schreibt Freud bereits 1910 an Pfarrer Oskar Pfister, den einzigen Theologen, mit dem er durchs ganze Leben hindurch in geistigem

Austausch blieb[48]. In Freuds System jedoch gab es damals nur den Begriff der sexuell bestimmten Liebe, der alles umfassenden Libido. Erst gegen Ende seines Lebens bekannte sich Freud zur nichtsexuellen Liebe[49]. Der Mensch ist jetzt für ihn nicht mehr nur jenes unter dem Einfluß Brückes und der früheren Physiologen mechanistisch verstandene System, angetrieben von Ichtrieb und Libido, ein »homme machine«, primär isoliert und egoistisch. Sondern ein Wesen, primär bezogen auf andere, angetrieben durch Lebenstriebe, die nach Einigung mit anderen verlangen. Leben und Liebe gehören zusammen und sind tiefer verwurzelt als alle Sexualität.

Noch 1930 hatte Freud in der Schrift »Das Unbehagen in der Kultur« das christliche Gebot der Nächstenliebe als »nicht vernünftig«, als »unpsychologisch« und »undurchführbar« bezeichnet[50]. Drei Jahre später, angesichts der sich verdüsternden Weltlage im Jahr von Hitlers Machtergreifung, ruft Freud in einem (in Deutschland nicht veröffentlichten) Offenen Brief an Albert Einstein, um der indirekten Bekämpfung des Krieges willen, zur Liebe auch »ohne sexuelle Ziele« auf: »Die Psychoanalyse braucht sich nicht zu schämen, wenn sie hier von Liebe spricht, denn die Religion sagt dasselbe: ›Liebe deinen Nächsten wie dich selbst.‹«[51]

Was Freud hier auch theoretisch zugesteht, war für ihn schon länger Praxis geworden: Nächstenliebe – freilich ohne zu wissen warum. An den Harvard-Neurologen James Putnam schrieb er schon 1915: »Wenn ich mich frage, warum ich immer gestrebt habe, ehrlich, für den Anderen schonungsbereit und womöglich gütig zu sein, und warum ich es nicht aufgegeben, als ich merkte, daß man dadurch zu Schaden kommt, zum Amboß wird, weil die Anderen brutal und unverläßlich sind, dann weiß ich allerdings keine Antwort.«[52]

Gibt es darauf eine Antwort[53]?

B. RELIGION – DAS LETZTE TABU?

Über die Verdrängung der Religiosität in Psychologie, Psychiatrie und Psychotherapie

Was ich hier vortragen werde, hat mit Pathologie im weitesten Sinn zu tun: mit der Arbeit am leidenden Menschen, seien die Krankheiten körperlicher oder seelischer Natur. Auch die Pathologie hat in ihrer Geschichte – wie man weiß – eine Erweiterung ihres Interessenfeldes betrieben, hat nach einer Phase strenger Konzentration auf die anatomische Lokalisation der Krankheiten auch psychosomatische und anthropologische Aspekte mit zu berücksichtigen gelernt, ja, hat in Gestalt einer sozialen Pathologie auch die Beziehung zwischen Krankheit und Gesellschaft mit zu bedenken begonnen. Von all dem wird im folgenden Vortrag die Rede sein, in dem ich mich auf die psychische Dimension der Krankheit konzentriere, gleichzeitig aber – die Rolle der Religion neu bedenkend – auf anthropologische, psychosomatische und soziale Perspektiven der Krankheit eingehen werde. Es scheint mir bei dieser Thematik sachgemäß, bei Fragen der Psychiatrie einzusetzen, um dann über die Psychoanalyse zur Sozialpsychologie und zu einigen Konsequenzen auch für die Medizin im allgemeinen vorzustoßen.

1. Verdrängung oder Explosion der Religiosität?

Ist das die Frage heute: *Verdrängung* von Religiosität? Ist das wirklich die Frage – in einer Zeit neuer *Explosion* von Religiosität, besonders in Amerika? Wer könnte das boomartige Anwachsen von Kulten, Sekten, religiöser Gruppen aller Art, das neue Interesse für wildwuchernde Mythologie aller Provenienz, das wiederaufblühende Streben nach Mystik, Innerlichkeit, kosmischem Bewußtsein in einer kaum noch überschaubaren Religio-, Kosmo- und Psychoszene übersehen? Spricht all das nicht eher *gegen* die These von der Verdrängung der Religiosität in unserer Gesellschaft? »*Religiosität*« hier verstanden als Religion im subjektiven Sinn, als gläubige Lebenssicht, Lebenseinstellung, Lebensart – wobei ich voraussetze, daß es neben aller unwahrhaftigen Religiosität (»religiosity« = Frömmlerei) eine echte Religiosität (»religiousness« = Frömmigkeit) gibt.

Kein Wunder demnach, daß die neue Religiosität ein *Thema auch für den Psychologen, Psychotherapeuten, Psychiater* geworden ist. Das Komitee für Psychiatrie und Religion innerhalb der American Psychiatric Association ist gebeten worden, einen Bericht über die Psychologie dieser »zealous and cohesive cult-like groups«, dieser »eifernden und geschlossenen kultartigen Gruppen«, zu erstellen. Es dürfte in der Tat von größtem Interesse sein,

– den historischen und sozialen Kontext dieser neuen religiösen Bewegungen zu analysieren;
– die psychischen Bedürfnisse und Lebensstile ihrer Anhänger kennenzulernen;
– die inneren Mechanismen dieser Gruppen (Hierarchie, Überzeugungskriterien, Sozialkontrolle) zu durchschauen und dabei die psychotherapeutischen und soziobiologischen Aspekte herauszuarbeiten...

Vertretern christlicher Theologie kann dies nur recht sein, weil auch sie ein starkes Interesse an Untersuchungen dieser Art haben. Sie bekommen *Erklärungsinstrumente* an die Hand, warum so viele Menschen den traditionellen religiösen Institutionen, den Großkirchen besonders, davonlaufen und sich kleinen radikalen, oft fanatischen religiösen Gruppen anschließen – ein Interesse, das möglicherweise gar im Dienst pastoraler Abhilfemaßnahmen und Gegenstrategien steht. Ja, müßten Theologen und Psychiater an ein und denselben Krankheitssymptomen nicht Hand in Hand arbeiten?

Die Frage nach der Religiosität des Psychiaters

Und doch zögere ich. Nicht weil hier etwa nicht ein lohnendes Aufgabenfeld für Theologie und Psychiatrie läge (selbstverständlich!). Nicht weil mir an einer intensiveren Zusammenarbeit zwischen Psychiatern und Psychotherapeuten auf der einen und Theologen wie Seelsorgern auf der anderen Seite nicht läge (im Gegenteil!). Sondern weil mir eine Koalition aus dieser verständlichen Interessenlage heraus zu rasch, zu oberflächlich, zu opportunistisch erfolgt. Die Grundlagen des jeweiligen Selbstverständnisses sind nicht geklärt. Was heißt das?

Es ist das traditionelle Frontstellungsmuster Psychiatrie gegen Religion, das hier zunächst neu zu bedenken ist. Religiosität ist oft nichts als reines Untersuchungs*objekt* eines angeblich neutralen, »objektiven«, wissenschaftlichen Beobachters. Und der hat die Mechanismen durchschaut, die Defizite erkannt, hat therapeutische Strategien schon im Kopf. Unterschwellig spielt dabei (auch bei Untersuchungen wie der genannten) die Vorstellung mit, solche Art von Religiosität sei nichts als krankhafte Deformation; Krankhaftes, Pathologisches und Gesundes, »Normales« ließen sich klar abgrenzen; Aufklärung im Namen der Psychiatrie sei das Gebot der Stunde.

Darum ist hier von beiden Seiten Behutsamkeit geboten! Nicht weil Aufklärung nicht auch ein Interesse der Theologie wäre, nicht weil Theologen sich von der Aufklärungsarbeit in Kirche und Gesellschaft je dispensieren dürften. Sondern weil das, was sich in solchen neuen religiösen Strömungen an Protest, an Widerstand, an Alternativen zur bürgerlichen Banalität und Eindimensionalität Ausdruck verschafft, nicht auf ein psychopathologisches Syndrom reduziert werden sollte. Solche Phänomene sind zu wichtig, als daß sie diagnostisch aufgelöst und psychotherapeutisch wegerklärt werden dürften. Und eines fehlt allzu oft: die *konstruktive* Auseinandersetzung des Psychiaters mit der Religiosität, auch mit seiner *eigenen* Religiosität – oder Irreligiosität im professionellen (und eventuell auch personellen) Bereich.

Darum geht es mir zunächst einmal in diesem Vortrag:

– Also weder um eine apriorische Parteinahme für jene zahlreichen *religionsoffenen oder gar religiösen psychotherapeutischen Richtungen*, die zur Schulpsychiatrie in einem latenten oder offenen Spannungsverhältnis stehen, von der Schicksalsanalyse (Szondi), der Logotherapie (Frankl) und Personalen Psychotherapie (Johanna Herzog-Dürck) bis hin zu verschiedenen Varianten des Jungschen oder Adlerschen Systems (mehr als hundert psychotherapeutische Organisationen gibt es allein in der Bundesrepublik).

– Noch geht es mir darum, auf die vielfältigen Beziehungen zwischen *Seelsorge und Psychotherapie* einzugehen, die ihren sichtbaren Ausdruck in der erfreulichen Gründung eines Comitee for Psychiatry and Religion in der American Psychiatric Association oder einer Deutschen Gesellschaft für Pastoralpsychologie 1972 (mit ihren Sektionen Tiefenpsychologie, Klinische Seelsorgeausbildung, Gruppendynamik / Sozialpsychologie u. a.) gefunden haben.

– Ich will mich auch nicht lange verbreiten über die seit Viktor Frankl übliche, oft apologetisch behandelte, aber dennoch nicht zu überspielende *Abgrenzung zwischen* »seelischer Heilung« als Ziel der *Psychiatrie* und dem »Seelenheil« (ein problematischer Ausdruck!) als Ziel der »*Seelsorge*«, zwischen medizinischer Seelen-Heilkunde und theologischer Seelenheil-Kunde, die ja beide im Dienst des leidenden Menschen stehen wollen. Ein Blick in Kindlers »Psychologie des 20. Jahrhunderts«, Band 15, macht auch für Nichtpsychologen deutlich, wie komplex die Gesprächslage zwischen Theologie und Psychotherapie geworden ist etwa bei den großen anthropologischen Themen wie Liebe, Sexualität, Schuld, Angst, Gewissen, Tod. Der Band macht freilich auch deutlich, daß heute angesichts der verwirrenden Pluralität theologischer und therapeutischer Richtungen eine »Zuordnung von Seelsorge und Psychotherapie, die auf breitester Basis von Vertretern beider Fachbereiche nachvollzogen wäre«[1], unmöglich ist.

Aber nicht darum geht es mir, sondern präzise: um die Verdrängung der Religion in der Schulpsychiatrie (und darin eingeschlossen weite Felder von Psychotherapie und Psychologie) und damit in erster Linie um die Frage, welche Bedeutung der Religion zunächst einmal in der Schulpsychiatrie zukommen sollte, nicht nur für irgendeine Spezialistengruppe, sondern für die *Psychiatrie überhaupt*, die ja, umfassend verstanden, sowohl die Psychopharmakologie wie die Psychotherapie und die Soziotherapie einschließen sollte. Nicht als Spezialist – das wissen Sie – der Psychiatrie oder Psychotherapie spreche ich hier, nicht einmal als Fachmann der psychiatrischen Seelsorge. Erst recht bin ich kein neokonservativer Interessenvertreter religiöser Mächte und Gewalten, dem es um den Erhalt institutionalisierter Religion als Selbstzweck ginge. Ich spreche als engagierter Mensch und Christ, der von der Verstörtheit und Gestörtheit vieler Menschen betroffen und durch Erfahrung zu der Überzeugung gelangt ist, daß Religion – richtig verstanden und gelebt – helfen könnte.

Religion als Neurose in psychiatrischen Handbüchern

Täusche ich mich, wenn ich im Felde der Schulpsychiatrie den Eindruck gewinne: Religion ist zwar als Objekt gelegentlich präsent, aber meist in negativer Form. Also kaum als positive Kraft des Gesundseins oder der Gesundung und jedenfalls nicht als Frage kritischer Selbstreflexion des Psychiaters. Religion spielt in seinem Berufsleben, in der Forschung, in der therapeutischen Praxis normalerweise kaum eine konstruktive Rolle. Für das Selbstverständnis des Psychiaters als Psychiater ist sie nicht konstitutiv. Will man sich auf Aussagen Kundiger verlassen, so sind einige Psychiater entschieden antireligiös: Religion sei Neurose oder Psychose, jedenfalls eine zu kurierende Krankheit. Andere seien vielleicht privat religiös, beruflich aber überließen sie die Religion den Priestern. Der größere Teil aber kümmere sich wenig um Religion: Wenn Religion bei einem Patienten oder Klienten nicht offensichtlich der Ursprung einer Neurose oder Psychose ist (was nun doch so oft nicht vorkommt), frage man höflicherweise nicht danach. Warum auch? Im Vergleich zur Sexualität ist Religiosität doch allemal eine quantité négligeable...

Belege für meine These? Belege dafür, daß Religiosität als konstitutives Element der psychiatrischen Praxis kaum eine Rolle spielt – im Gegensatz zur Präponderanz der Sexualität? Man blicke in heutige psychologisch-psychiatrisch-psychotherapeutische Basisliteratur. Nur vier Beispiele für das Winkeldasein der Religiosität dort:

– Das zwölfbändige deutsche »Handbuch der Psychologie«[2] enthält zwar einen ganzen Band zur Marktpsychologie, aber nur wenige Zeilen zur Religionspsychologie.

– Das »Comprehensive Textbook of Psychiatry«[3] enthält einen Artikel von Mortimer Ostow über »Religion and Psychiatry«[4], in dem Religion – neben zwei kurzen Abschnitten über »Religion and Society« und »Pastoral Counseling« – des Langen und Breiten im Kontext von Zwangsneurose, Phobie, Hysterie, Depression, Schizophrenie und Paranoia abgehandelt wird.

– Im großen neuen »Handbuch der Psychotherapie«[5] wird Religion – abgesehen von einem Kapitel Adrian van Kaams über Transzendenztherapie – nur zweimal am Rande (im Zusammenhang mit O. Hobart Mowrers Integritätsgruppen und Jesse Lairs Mutual-Need-Therapy) erwähnt.

– Auch in der zweibändigen Enzyklopädie der »Psychiatrie«[6] findet sich zwar ein vorzügliches Kapitel über »Psychiatrie und

Religion« von Günter Hole, sonst aber auf den etwa 1200 Seiten nur ein einziger Hinweis auf »religiöse Idee«, im Index mit dem bezeichnenden Verweis »siehe auch Wahn, religiöser«.

Behaupte ich zuviel, wenn ich aus solchen und ähnlichen Beispielen folgere, daß in der Schulpsychiatrie Religion weithin nur als 1. *pathologisches* und/oder 2. *marginales* Phänomen behandelt wird? Und bin ich als Theologe durch die Psychoanalyse und ihre »Hermeneutik des Verdachts« sozusagen verdorben, wenn ich mir die humorige Rückfrage gestatte: Warum hat sich die American Psychiatric Association, die der Explosion von Religiosität in der heutigen Gesellschaft Studien widmet, bisher eigentlich noch nie der Problematik in den eigenen Reihen gestellt: daß Religion, Religion im subjektiven Sinn, also Religiosität – abgesehen eben von besonders auffälligen und hochpathologischen Phänomenen – für einen Großteil von Psychiatern nicht etwa »explodiert«, sondern heute kaum noch von Bedeutung ist?

Freilich gibt es auch, und vermutlich zunehmend, *andere*! Und

– wenn ich es als Theologe mit jenen Psychiatern halte, für die Religion in der Behandlung weder eliminiert, noch gemieden, noch als unwichtig ignoriert werden darf, sondern durchgängig ernst genommen werden muß;

– wenn ich, wie etwa der amerikanische Psychiater Edgar Draper, die Religiosität weder als »kategorial krank« noch als einen Fremdkörper in der eigenen Domäne, noch als irrelevant anzusehen gewillt bin, sondern wie Draper der Meinung bin, daß religiöse »*Überzeugungen*, wie jeder *andere Aspekt* oder des Patienten intimes, persönlichstes Leben, *psychologisches Verständnis erfordern*«[7];

– wenn ich folglich mit dem deutschen Psychiater Günter Hole in der therapeutischen Praxis »naive Identifikationen einerseits und hilfloses oder überzeugtes Ignorieren der religiösen Thematik andererseits« ablehne und der Überzeugung bin, »daß das religiöse Element – ganz in Abhängigkeit von der jeweiligen Persönlichkeitsstruktur, Erziehung und individuellen Entwicklung – sich psychohygienisch sowohl positiv als auch negativ auswirken kann«[8]:

– *dann* werde ich von Psychiatern gewiß nicht mißverstanden, wenn ich als Theologe die Frage zu stellen wage: Muß nicht vielleicht gerade unter Psychiatern, ja akademisch Gebildeten und rational erzogenen Menschen überhaupt, gefragt werden, ob hier nicht vielleicht doch ein Verdrängungsphänomen vorliegt und ob diese »Repression« der Religion nicht ein ebenso untersuchungswürdiges Objekt wäre wie deren Explosion in möglicherweise anderen Gesellschaftsschichten und Subkulturen?

2. Mit Freud gegen Freud?

Mit Freud also gegen Freud, werden Sie mich fragen. Und ich antworte entschieden: ja – und nein! Und dies an einem zentralen Punkt. Denn, so Freud selber schon in seiner »Geschichte der psychoanalytischen Bewegung« 1914: »Die Verdrängungslehre ist (nun) der Grundpfeiler, auf dem das Gebäude der Psychoanalyse ruht.«[9] Der Begriff »Verdrängung« geht denn auch bis auf die frühesten Anfänge der Psychoanalyse zurück und ergab sich, wie von ihm öfters hervorgehoben, unvermeidlich aus der in den Behandlungen beobachteten Erscheinung des Widerstandes, welche ihrerseits durch die Anwendung einer neuen Technik (er meint den Verzicht auf Hypnose und Einführung der freien Assoziation bei der Behandlung der Hysterie) zutage getreten war. Fast hundert Jahre also gibt es diesen Begriff vor allem im Zusammenhang mit Sexualität, die Verdrängung der Religiosität jedoch ist im Raum der Psychiatrie meines Wissens nie systematisch untersucht worden.

Nun weiß heute auch jeder »Gebildete unter den Verächtern der Religion«, daß eine kritische Theologie begonnen hat, die Einwände gerade auch der Freudschen Religionskritik selbstkritisch ernst zu nehmen. Kritische Theologie hat in den 60er und 70er Jahren begonnen, Freuds Religionskritik zu verarbeiten und im Prozeß der Rezeption zu erkennen, wie viele falsche Schlachten von Anfang an zwischen Psychoanalyse und Religion geschlagen wurden – von beiden Seiten (große Ausnahme: der protestantische Zürcher Pfarrer Oskar Pfister, dessen Korrespondenz mit Freud[10] heute auch die Psychiater fasziniert). Umgekehrt aber habe ich nicht den Eindruck, daß die theologische Auseinandersetzung mit Freuds Religionskritik von Psychiatrie, Psychotherapie und besonders der Psychoanalyse genügend zur Kenntnis genommen worden ist. Ich möchte deshalb die wichtigen Punkte der Kritik und Gegenkritik noch einmal herausstellen, sie zusammenfassen.

Die Berechtigung der Kritik Freuds

Drei Punkte eines entschiedenen »*mit* Freud« sind mir wichtig, nicht zuletzt angesichts einer heute manchmal überzogenen Einstellung, welche die Psychoanalyse als starres, dogmatisches System mißversteht und verwirft:

1. Freuds *Kritik war berechtigt*:

– ganz gewiß am Machtmißbrauch der *Kirchen* und der Über-Ich-Wirkung ihres Moralismus und Dogmatismus durch die Jahrhunderte – Ursache zahlreicher ekklesiogener Neurosen: klerikale Herrschaft über die Seelen im Namen Gottes, Abhängigkeit und Unmündigkeit der armen Sünder durch repressive Beichtpraxis, Tabugehorsam gegenüber ungeprüfter Autorität, immer wieder neue sexuelle Verdrängung und Unterdrückung, Mißachtung der Frau, Fortschritts- und Wissenschaftsfeindlichkeit, falsche Vorstellungen von Gut und Böse – bis heute;

– ganz besonders am traditionellen autoritären *Gottesbild*, hinter dessen Ambivalenz das ins Metaphysische (Jenseits, Zukunft) projizierte eigene frühkindliche Vater- oder Mutterbild sichtbar wird: Oft genug wurde und wird der strafende Vater-

Gott von Eltern bewußt zum Erziehungsinstrument mißbraucht, um Kinder zu disziplinieren – mit langfristigen negativen Folgen für die Religiosität der Heranwachsenden; typisch auch für eine klerikal-katholische Sozialisation die Trias: Mutterbild–Gottesmutter–Mutterkirche bzw. Papalismus–Marianismus–Zölibatismus;

– schließlich generell an einer *Religion*, katholischer oder protestantischer Provenienz, die zur wirklichkeitsblinden Bindung an ein tyrannisches Über-Ich geworden ist: zur Rückwendung auf infantile Verhaltensstrukturen, zur Regression auf kindliches Wünschen, zur Ersatzbefriedigung durch kultischen Wiederholungszwang, dem Waschzwang des Zwangsneurotikers tatsächlich vergleichbar.

2. Freud hatte recht, wenn er *Ehrlichkeit im Umgang mit Religion* fordert angesichts aller »möglichen Unaufrichtigkeiten und intellektuellen Unarten« (etwa beim Gebrauch des Wortes »Gott«), wenn er im Namen einer kritischen Rationalität gegen eine religiöse Vernunftfeindlichkeit (im protestantischen Biblizismus ebenso greifbar wie im katholischen Traditionalismus) Protest einlegt: gegen jegliches »Credo quia absurdum« wie auch gegen jegliche moralisierende »Philosophie des ›Als ob‹«.

3. Es gibt kein »Zurück hinter Freud« mehr, seit der Einfluß tiefenpsychologischer, unbewußter Faktoren und insbesondere der ersten Eltern-Kind-Beziehung (und damit auch der Sexualität im weitesten Sinn des Wortes) auf die Religion, näherhin das Gottesbild und die Unterscheidung von Gut und Böse entdeckt worden ist. Die Religion hat sich seitdem stets auch der psychologischen Analyse zu stellen. Im »Härtetest« psychologischer Aufklärung muß sich erweisen, wieviel von »Gott« und Religion nur Produkt meines eigenen Unterbewußten ist. Die Zeiten sind vorbei, in denen Theologen so simpel vom »Herr-Gott«, jenem allzumenschlichen, allmächtigen, allwissenden, alleskontrollierenden Wesen reden konnten, und sie sollten auch nicht länger darauf behaftet werden. Wahrhaftig, so bestätigt uns der amerikanische Psychiater Edgar Draper, die Zeiten

sind vorbei, wo »sich die institutionalisierte Religion nicht besonders gestört hat an ihren bizarren Anhängern, wilden Strömungen, komischen Heiligen, lasziven Brahmanen, paranoiden Predigern, gestörten Rabbis, exzentrischen Bischöfen oder psychopathischen Päpsten. Noch schien sie bereit, Charakterstärke solchen Häretikern, Reformern oder Rebellen zuzugestehen, die sich ihrer Lehre widersetzten. Kurz: sie hat sich für die Persönlichkeitsquellen religiöser Äußerungen nicht interessiert, sondern war im Gegenteil bereit, hysterische oder psychotische Phänomene als Signale des Heiligen Geistes anzusehen.«[11] Nein, ein »Zurück hinter Freud« gibt es nicht mehr.

Kritik der Kritik Freuds

Was aber wäre »*gegen* Freud« zu sagen, wobei heute auch viele Psychoanalytiker, die, offen für Kritik, Mut zu neuen Wegen bewiesen haben, zustimmen dürften?

1. Freuds »Hypothese« vom *Ödipuskomplex als Ursprung der Menschheitsreligion* und von einem urgeschichtlichen Töten und Essen eines »Totem-Gottes« wurde von der ethnologisch-religionsgeschichtlichen Forschung desavouiert: Sie hat sich als eine von vornherein feststehende These über Religion erwiesen, die statt über die Urgeschichte der Menschheit mehr über die »tragischen Geheimnisse des modernen westlichen Intellektuellen«[12] verrate, der den »Tod Gottes‹ zwar vollzogen, nicht aber verkraftet habe.

2. Aus dem psychologisch analysierbaren *Einfluß tiefenpsychologischer, unbewußter Faktoren* und besonders der Eltern-Kind-Beziehung auf Religion und Gottesbild läßt sich – anders als Freud annahm – noch nichts für oder gegen die Existenz Gottes ableiten. Denn:

Der Wunsch nach einem Gott (»Projektion‹!) ist gewiß noch kein Argument für die Existenz Gottes, ist aber auch kein Argument dagegen; dem Wunsch nach Gott kann ein wirklicher Gott entsprechen.

Auch Freud muß ganz am Ende seiner religionskritischen Schrift zugeben: »Wir sagen uns, es wäre ja sehr schön, eine sittliche Weltordnung und ein jenseitiges Leben, aber es ist doch sehr auffällig, daß dies alles so ist, wie wir es uns wünschen müssen.«[13] Das ist in der Tat auffällig, aber noch kein stichhaltiges Argument gegen Religion.

3. Obwohl die *Psychoanalyse* nach Freud »eine Forschungsmethode, ein parteiloses Arbeitsinstrument«[14] ist, aus dem sich keine atheistische Weltanschauung extrapolieren läßt, wird sie von ihm schließlich doch als ein universales Aufklärungsinstrument (für Literatur und Kunstwissenschaft, Mythologie, Volkskunde und Pädagogik, Prähistorie und Religionsgeschichte) benützt. Der von Freud und anderen propagierte *atheistische Wissenschaftsglaube* vermochte allerdings weder im Westen noch im Osten den Glauben an Gott zu ersetzen; vielmehr steht der damals so stolze Glaube an einen »Gott Logos«, an einen Gott Wissenschaft oder Fortschritt, heute erschüttert da.

4. *Freuds persönlicher Atheismus* ist nicht ursprünglich, sondern *übernommen*: Er wuchs, anders als sein Biograph Edgar Jones behauptet, keineswegs religionslos auf. Bereits der Siebenjährige beschäftigte sich intensiv mit der Philippson-Bibel, einer zweisprachigen Übersetzung (hebräisch / deutsch) des Alten Testaments von Rabbi Philippson (Leipzig), der Standardausgabe der Heiligen Schrift für die emanzipierten Juden des 19. Jahrhunderts[15]. Freud hatte, verständlicherweise abgestoßen vom katholischen Ritualismus und Antisemitismus und belastet von einem Ödipuskomplex, den Arztberuf nicht gewählt, um »leidenden Menschen zu helfen«, sondern aus dem »Bedürfnis, etwas von den Rätseln der Welt zu verstehen und vielleicht selbst etwas zu ihrer Lösung beizutragen«[16]. Dabei wurde die angeblich atheistisch-mechanistische Naturwissenschaft des 19. Jahrhunderts zum Universalheilmittel für alle Leiden des Lebens; durch sie wurde der Student Freud schließlich zum Atheisten.

Fest steht, daß nicht zuletzt die unterschiedliche Einstellung zu Sexualität und Religion Freud und seine ersten bedeutenden Weggefährten auseinander- und gegeneinander aufbrachte: Schon *Alfred Adler* und *Carl Gustav Jung* bezweifelten seine Auffassung, alle Intentionen ließen sich, neben dem Selbsterhaltungstrieb, auf sexuelle Wünsche, auf die Libido zurückführen, selbst wenn man »sexuell« mit Freud in einem umfassenderen Sinn (als Wollustempfindung) versteht; und sie bezweifelten zweitens, die individuelle Struktur der Psyche sei nur retrospektiv, vom vergangenen Ereignis her, zu verstehen, statt zugleich oder gar primär prospektiv, vom selbstgesteckten (oder übernommenen) Sinn und Ziel des Lebens her. Zwar ließen Adler und Jung offen, wie weit Gott außerhalb, unabhängig von unserem Bewußtsein, unserer Psyche, existiert, doch lehnten sie Religion als solche durchaus nicht ab: Adler tolerierte sie wohlwollend, Jung stand ihr in Analyse und Therapie grundsätzlich positiv gegenüber, obwohl – das muß um der Gerechtigkeit willen gesagt werden – Jungs Faszination vom Rosenkreuzertum und seine bis in den Zweiten Weltkrieg hinein dauernde Naivität hinsichtlich der Unmenschlichkeit des Nazi-Faschismus uns heute unverständlich sind.

Es ist freilich seltsam: Zu Beginn der tiefenpsychologischen Bewegung wurde noch gekämpft um die Religion, gestritten und gefochten. Aber heute? Eine merkwürdige Zurückhaltung bei vielen, so daß einem als Theologen eine so streitbare Schrift wie »Zukunft einer Illusion« beinahe wie ein pastoraler Glücksfall vorkommt. Heute kaum noch denkbar (Tilman Mosers »Gottesvergiftung«[17] war die Ausnahme, aber eben: die Ausnahme). Man kämpft nicht mehr – weder pro noch contra. Man schweigt, wie freilich auch Freud zu der Frage, warum er Atheist wurde, geschwiegen hat, obwohl er bis in sein allerletztes Lebensjahr hinein von der Frage nach Religion, der Religion seines jüdischen Volkes, nie loskam. Religion: verschwiegen, vergessen, verdrängt? Religion – eine unbewältigte Zone? Religion – das letzte Tabu?

3. *Die Verdrängung der ältesten, stärksten, dringendsten Wünsche der Menschheit*

Meine Anfrage an Psychiatrie und Psychotherapie zugleich lautet demnach, ob es nicht lohnenswert wäre, auch den *religiösen Verdrängungsmechanismus* einer genauen wissenschaftlichen psychologischen, psychoanalytischen, psychiatrischen Untersuchung zu unterziehen. Wenn es nämlich bei den religiösen Vorstellungen nach Freud selber um die »ältesten, stärksten, dringendsten Wünsche der Menschheit« geht, die durch Religion (nach ihm freilich »illusionär«) *erfüllt* werden, und wenn »das Geheimnis ihrer Stärke die Stärke dieser Wünsche«[18] ist: dann muß eine Verdrängung gerade dieser Wünsche Folgen, möglicherweise höchst destruktive Folgen haben.

Ersatz-Erfüllung?

Ersatz-Erfüllung löst das Problem nicht, sondern verschärft es. Eine moderne Form der Verdrängung ist es, wenn diese Wünsche in Teilbereichen menschlichen Lebens »säkular« (in Beruf, Familie, politischem, kulturellem, sozialem, sportlichem Engagement) Erfüllung finden. Wird in diesen Bereichen Relatives (Geld, Karriere, Sex, Wissenschaft, Partei, Führer) förmlich verabsolutiert, spricht man denn auch von einem »Kult« oder einer »Ersatz-Religion«. Sind aber die in echter Religion zur Erfüllung kommenden Wünsche nicht gerade deshalb die ältesten, stärksten, dringendsten, weil sie alle Sektoren menschlicher Wirklichkeit durchstoßen, sie umfassen, ja, die Eindimensionalität menschlicher Teilbereiche im wörtlichen Sinne transzendieren? Hin auf eine letzte Tiefe und Unbedingtheit, kurz, hin auf die Dimension des Absoluten? Religion hält die Fragen nach dem Sinn des Ganzen von Menschenleben und Weltgeschichte wach (und beantwortet sie auf je verschiedene Weise), Fragen, die durch partielle Sinnerfahrung in Teilbereichen nicht zum Stillstand zu bringen sind. In der Religion geht es

– nicht nur um eine relative Erfüllung des Lebens im Hier und Heute, sondern um eine definitive Sinnerfüllung im Leben und auch im Sterben;
– um eine Gerechtigkeit nicht nur gerade für mich, sondern um eine absolute Gerechtigkeit für jeden Menschen;
– nicht nur um bedingte, sondern um unbedingte Maßstäbe und Normen;
– geht es um eine letzte geistige Heimat, einen unendlichen Horizont, eine ewige Verheißung.

Vor diesem Hintergrund wird deutlich, daß wir mit der Untersuchung des Verdrängens der Religiosität nicht etwa Sexualität und Religiosität einfach parallelisieren, gar eine Symmetrie von Sexualität und Religiosität behaupten wollen. Religion, das ist jetzt schon deutlich, ist ein sehr viel komplexeres, wenngleich ebenfalls ambivalentes Phänomen, vom Individuum für psychopathische, homöostatische oder therapeutische Zwecke verwendbar. Religion kann also (freudianisch geredet) auch nicht auf ihre Über-Ich-Funktion reduziert werden; Religiosität ist gewiß wie die Sexualität auch Ausdruck elementarer Es-Wünsche, zugleich kann sie – mit ihren Lehren, Normen und Riten – Motivation und Verstärkung von Ich-Operationen sein. Religion bezieht sich aber zum Unterschied von Sexualität auf eine ganz andere, nur im Glauben erfahrbare Wirklichkeit, die den Menschen und seine Welt zugleich übersteigt und umgreift. Nicht naiv auf den »Herr-Gott«, sondern auf die wirklichste Wirklichkeit in allen Dingen, jene *allererste allerletzte Wirklichkeit* in der Tiefendimension des Lebens und Sterbens, die der Mensch nicht durch einen rationalen Beweis (»rational proof«) demonstrieren, auf die er sich aber in einem *vernünftigen Vertrauen* (»reasonable trust«) einlassen kann, ja, die er aufgrund dieses Vertrauens sogar mit verschiedenen (allerdings immer analogen, symbolischen, chiffreartigen) Worten anreden kann.

Was immer die neuere experimentelle Traumforschung gegen Träume als verkappter Erfüllung verdrängter Wünsche sagen wird: Könnten einige der Neurosen unserer Zeit (nicht alle!) mitsamt ihren Symptomen nicht vielleicht *diagnostiziert* werden als Produkte seelischer Erschütterungen (Traumata): daß der Homo patiens gerade in der *Moderne* tiefste, verborgenste religiöse Wünsche, Emotionen, Affekte (ähnlich wie die sexuellen) nicht mehr zugelassen und angenommen, sondern durch einen Abwehrmechanismus ins Unbewußte verlagert und dort fixiert, kurz »verdrängt« hat? So kommt es entweder zu Ersatzbefriedigungen, Tagträumen, Fehlhandlungen und Krankheitssymptomen oder zur Projektion nach außen, zur falschen Lokalisierung auf Ersatzobjekte (Dinge, Personen, Ideen, Bewegungen), die oft eine fanatisch ergriffene absolute Bedeutung bekommen.

Therapie durch Religion?

Und könnte – nach solcher Diagnose – eine *Therapie* des modernen Homo patiens vielleicht nur dadurch möglich sein, daß jene früher abgewiesenen Wünsche, Emotionen und Affekte, statt einfach abreagiert, als Verdrängung aufgedeckt, ins Bewußtsein gehoben und durch Urteilsleistungen – Annahme oder Verwerfung – abgelöst werden? Heilung der seelischen Krankheiten unserer Zeit also durch Aufdeckung jener unbewußten, unerledigten traumatischen Erlebnisse und Affekte, die gegen allen Widerstand des Bewußtseins diesem dennoch zugeführt werden, so daß der Mensch sich jetzt in der *Postmoderne* mit seinen Tiefen und Untiefen ganz neu kennenlernen kann: durch Einblick in die hier wirksamen unbewußten Strukturen und Dynamismen, durch Wiedererleben verdrängter positiver oder negativer Gefühle, durch Aufdeckung, Deutung, Formulierung unbewußter Motivationen und Verhaltensmuster?

Auf diese Weise könnte es in einer Postmoderne vielleicht zu einer *dauerhaften Veränderung* der seelischen Ökonomie und zum Verschwinden bestimmter krankhafter Symptome kommen, so daß der Homo patiens wieder in neuer Weise lieben und arbeiten kann, nach Freud das Ziel jeglicher Therapie. »Ich habe, wie Sie zugeben, viel für die Liebe getan« so hatte Freud bereits 1910 an jenen Pfarrer Oskar Pfister geschrieben[19]. Aber in seinem System gab es damals nur den Begriff der sexuell bestimmten Liebe, der allesumfassenden Libido. Noch 1930 hatte Freud in der Schrift »Das Unbehagen in der Kultur« das christliche Gebot der Nächstenliebe als »nicht vernünftig«, als »unpsychologisch« und »undurchführbar«[20] bezeichnet. Drei Jahre später erst, im ominösen Jahr der nationalsozialistischen Machtergreifung 1933, ruft Freud in einem (in Deutschland nicht veröffentlichten) Offenen Brief an Albert Einstein um der indirekten Bekämpfung des Krieges willen zur Liebe auch »ohne sexuelle Ziele« auf: »Die Psychoanalyse braucht sich nicht zu schämen, wenn sie hier von Liebe spricht, denn die Religion sagt dasselbe: ›Liebe deinen Nächsten wie dich selbst.‹«[21]

Spätestens hier wird deutlich – und die Arbeiten jüngerer Vertreter der Freud-Schule wie Erik Erikson, Rollo May und Erich Fromm haben dies materialisiert: Diese Ängste, Aggressionen und Frustrationen, Ergebnis der Nicht-Befriedigung, Nicht-Bewußtmachung, Nicht-Verarbeitung der »ältesten, stärksten, dringendsten Wünsche der Menschheit«, haben nicht nur für das Individuum, sondern auch für die Gesellschaft weitreichende Bedeutung. Denn die charakteristische Neurose unserer Zeit dürfte nicht mehr die verdrängte Sexualität sein (was soll da noch verdrängt werden?), sondern die *Orientierungslosigkeit, Normenlosigkeit, Sinnlosigkeit und Leere*, unter denen zahllose Menschen leiden. Ob nicht die gesamte kritische Entwicklung der Moderne – bis hin zum Problem der Anfälligkeit schon unserer Jugend für Alkohol, Drogen und Kriminalität einerseits, praktischen Nihilismus, terroristischen Anarchismus und Suizid andererseits – mit der Loslösung von ethisch-religiösen Überzeugungen, Normen und Gemeinschaften zusammenhängt? Mit dem also, was Viktor Frankl in seiner sinnzentrierten »Logotherapie« schon früh als existentielles Vakuum diagnostizierte? Es dürfte sich also lohnen, die sozialpsychologische Potenz der Religion – in welcher Richtung auch immer – zu untersuchen. Darauf hat nicht zuletzt ein Psychoanalytiker und Sozialpsychologe hingewiesen unter dem Titel »Der Gotteskomplex«: Horst Eberhard Richter[22].

4. Analyse des Gotteskomplexes

Dieser Psychoanalytiker und Sozialpsychologe beschreibt die moderne, durch Wissenschaft, Technologie und Industrie geprägte westliche Zivilisation als psychosoziale Störung: als Flucht aus mittelalterlicher Ohnmacht in den Anspruch auf egozentrische, gottgleiche Allmacht. In Auseinandersetzung mit neuzeitlicher Philosophie und zahlreichen soziokulturellen Phänomenen verfolgt Richter den Weg des angstgetriebenen modernen Menschen, der seinen Gott verloren, dessen Macht sich aber angemaßt habe. Dies hat zur Überforderung des Menschen und zu einem kollektiven *Ohnmacht-Allmacht-Komplex* geführt: zum »*Gotteskomplex*«.

Eine richtige Diagnose

Ich möchte Richters Buch hier nur als *ein* Beispiel zur *Analyse der Psychopathologie der modernen Gesellschaft* heranziehen, der in ihrer Gottlosigkeit sowohl die Menschenfreundlichkeit wie die Naturfreundlichkeit verlorengegangen ist. Denn es gibt zu denken, was in dieser postmodernen Kritik moderner Geistigkeit gesagt wird über die utopischen Heilshoffnungen des beschädigten Individuums bei Marx, Freud und Marcuse; oder über die Abspaltung des Gefühls, die Entmündigung der Frau, die Unterdrückung der Menschlichkeit, die Wechselbeziehung zwischen Psyche und sozialer Verdrängung; und schließlich vor allem über die *Krankheit, nicht mehr leiden zu können*[23] (»Leidensflucht«), konkret:

– die »Leidensverleugnung« durch hysterisches Überspielen in unserer Partykultur,
– die »Leidensvermeidung« durch Abspaltung des Sterbens aus unserer Alltagswelt,
– die »Leidensbeschwichtigung« durch Ersatzbefriedigung in Konsum- und Sexkult,
– die »Leidensverschleierung« durch Sozialtechnik und falsche Versorgungsmentalität.

Und die *Therapie* zur Überwindung des Gotteskomplexes – eine Überlebensfrage für die moderne, von der Selbstvernichtung bedrohte Gesellschaft? Richter etwa fordert eine »Bejahung des Sterbens« und die »Gewinnung eines menschlichen Maßes zwischen Ohnmacht und Allmacht«[24]. Er beschwört das »Urphänomen Sympathie als Disposition für Solidarität und Gerechtigkeit«[25], er betont Mitleid und Vertrauen. Alles ausgezeichnet! Und doch darf ich eine Frage nicht unterdrücken: So richtig und wichtig dies alles ist, ist es tief genug gesehen und therapeutisch radikal genug angesetzt? Muß es nicht merkwürdig berühren, daß sich im therapeutischen Teil dieser Ausführungen *kein Wort mehr findet von Religion*? Übrigens auch nicht in Richters Autobiographie »Die Chance des Gewissens. Erinnerungen und Assoziationen«[26]. Gewiß nicht aus Ahnungslosigkeit; vielleicht aber aus uneingestandener Ratlosigkeit? Obwohl Richter entschieden der Meinung ist, die verunsicherte Beziehung des Menschen zu Gott hätte einen langen Prozeß schmerzhafter Auseinandersetzung erfordert, weicht er selber, so scheint es, dieser letztlich aus. Religion kommt in der Therapie nicht mehr vor. Wieder einmal mehr: ein blinder Fleck, eine graue, unbewältigte Zone?

Natürlich soll damit das Problem nicht personalisiert werden; und gewiß hat auch dieser Autor – wie so viele – seine eigenen negativen Erfahrungen mit institutionalisierter Religion gemacht, die ihn nicht mehr unbefangen von Religiosität und Religion reden lassen. Davor wird gerade der Theologe aufgrund seiner eigenen Erfahrungen Respekt haben. Das Sachproblem aber ist: Kann die geistige Krise der Zeit wirklich überwunden werden, wenn die religiösen Tiefendimensionen des Menschseins außer acht gelassen werden? Wenn das, was in der tiefsten Tiefe des Menschen ruht, ignoriert wird?

Und eine Rückfrage

Sosehr man Richters Appell an die »Sympathie« zustimmen mag: *Warum* aber der Mensch so und nicht anders handeln soll, *warum* er sympathisch, mitleidsvoll, eben human und nicht das Gegenteil davon sein soll, kommt hier – wie auch in anderen sozialpsychologischen Zeitanalysen – nicht zur Sprache. Wie aber läßt sich denn eine solche hochethische Haltung begründen? Lassen sich Sympathie und Vertrauen gleichsam biologisch fundieren von einer postulierten Mutter-Kind-Beziehung her, die ein ganzes Leben durchzutragen hätte? Oder lassen sich Sympathie und Vertrauen schlicht zu einem quasireligiösen universalen Prinzip erheben und zur Grundlage eines gesellschaftlichen Programms machen? Sind Menschen so zu überzeugen, zur Haltungsänderung zu bewegen? Ist so Mißtrauen und Haß, Brutalität und Rücksichtslosigkeit, kurz, Inhumanität überwindbar? Warum soll ich, wenn es meinen Interessen dient, nicht unverläßlich, rücksichtslos, inhuman sein, warum grundsätzlich Vertrauen dem Mißtrauen vorziehen, Sympathie dem Haß, Ehrlichkeit der Lüge, Güte der Brutalität? Daß auf diese Frage selbst Sigmund Freud keine Antwort wußte, hätte Sozialpsychologen wie Psychiatern zu denken geben müssen: »Wenn ich mich frage, warum ich immer gestrebt habe, ehrlich, für den Anderen schonungsbereit und womöglich gütig zu sein, und warum ich es nicht aufgegeben, als ich merkte, daß man dadurch zu Schaden kommt, zum

Amboß wird, weil die Anderen brutal und unverläßlich sind, dann weiß ich allerdings keine Antwort.«[27]

Nein, die Antwort auf die ethische Frage »Warum soll ich unbedingt?« bleibt man uns – nach Friedrich Nietzsches Proklamation eines »Jenseits von Gut und Böse« trägt Kants angeblich einem jeden Menschen eingeprägter »kategorischer Imperativ« nicht mehr – schuldig. Gewiß, auch die Antwort der Religion auf diese Warum-Frage darf selbstverständlich nicht vorkritisch-platt erfolgen: »weil Gott es so will« oder gar »damit ich in den Himmel komme«. Aber eine neue Reflexion über die Funktion der Religion, die nun einmal seit der Menschwerdung des Menschen durch die Jahrtausende das Ethos des Menschen zugleich begründet und konkretisiert hat, ist hier am Platze – nach Nietzsches erfüllter Vorhersage des Nihilismus als Folge des Atheismus ganz besonders! Denn schuldig bleiben solche sozialpsychologischen Analysen die Antwort ja nicht nur auf die Fragen nach Werten und Normen, sondern erst recht nach Glauben und Sinn – Sinn auch in all den negativen Lebenserfahrungen, in Schmerz, Verzicht und Versagen, in Krankheit, Leid und Tod. Fragen, die nun einmal – wie die Hinnahme der eigenen Endlichkeit überhaupt – mit der religiösen Dimension (bejaht oder verworfen!) zu tun haben. So eindringlich solche Analysen auch sind, so ungenügend die Therapie. Nicht zuletzt hier zeigen sich die Grenzen der orthodoxen Freudschen Psychoanalyse, die aufgrund ihrer methodischen Prämissen nur schwierig Normen, Glauben und Sinn vermitteln kann, vermitteln darf. Eine Neubewertung der Religion als Wirklichkeit im Raum der Psychiatrie drängt sich auf, und sie ist nach neueren Arbeiten und Entwicklungen auch keineswegs illegitim.

5. Zur Überwindung des Gotteskomplexes

Schon zu Beginn unseres Jahrhunderts hat es Albert Schweitzer in seiner »psychiatrischen Beurteilung Jesu«[28] als methodischen Grundfehler bezeichnet, das für uns Einzigartige und Fremdartige mit dem Krankhaften gleichzusetzen. Und schon vor 30 Jahren hat der Tübinger Psychiater Hans Heimann darauf hingewiesen, daß die *Unterscheidung zwischen »pathologisch religiösen« und »normal religiösen« Phänomenen* außerordentlich schwierig ist, ja, kein religiöses Erlebnis dränge »derartig nach Klärung und Abgrenzung gegen das Abnorme und Krankhafte wie die Bekehrung«[29]. So sagt Heimann etwa zum Thema Prophetie und Geisteskrankheit mit Recht, daß bei den Propheten des Alten Testaments »Haltung und Inhalt ihrer Botschaft und beides zusammen dem geistigen Raum ihres Wirkens proportioniert« seien, während sich das Krankhafte eben an »fehlenden Proportionen zwischen Haltung, Inhalt und der Botschaft und geistiger Welt«[30] verrate. Das religiös Ideale dürfte in der Tat oft eine Abweichung vom statistisch Normalen sein.

Keine Exklusivität naturwissenschaftlichen Denkens

Neuerdings hat der bereits zitierte Günter Hole auf heutigem hermeneutischem Bewußtseinsniveau auf die Grenzen der objektiven Beurteilung psychischer Phänomene im religiösen wie im nichtreligiösen Bereich hingewiesen: Überall fließe »der subjektive Standpunkt und ein nicht zu eliminierendes Wertungsmoment«[31] ein, die mit Begriffen wie »Wahn«, »Halluzination«, »Vision«, »Ekstase«, aber auch »Schuldgefühl«, »Besessenheit«, »Glossolalie« und vor allem »Bekehrung« (»Wiedergeburt«) höchst vorsichtig und differenziert umgehen lassen. Auch er betont, daß nur die Einbettung in den Gesamtzusammenhang und das pathoplastische Detail hier eine wohlbegründete Unterscheidung möglich machen. Und mahnend fügt er hinzu: Diese Grenzziehungen gegenüber dem Pathologischen würden jedoch naturgemäß jenem Psychiater besonders schwer fallen, der überzeugendes religiöses Erleben und Verhalten nicht aus eigener Erfahrung kenne und der so den in der Psychiatrie üblichen Analogieschluß vom eigenen Seelenleben aus kaum sachgerecht zu vollziehen vermöge.

Nun läßt sich *von der Entstehungsgeschichte der modernen Experimentalpsychologie* um die Mitte des 19. Jahrhunderts her leicht verstehen, warum man der Religion wenig Aufmerksamkeit schenkte. Solche Psychologie vollzog sich ganz auf physiologisch-biologischer Basis, emanzipierte sich zu Recht von der herrschenden spekulativen Philosophie und Psychologie antik-christlicher Herkunft, wurde in Forschungs- und Übungslaboratorien erprobt, durch Quantifizierung mächtig vorangetrieben und stand zunächst stark unter dem Einfluß philosophischer Lehren des kritischen Empirismus und Materialismus. Es sei aber nicht vergessen: Schon die beiden großen Gestalten am Ursprung der Experimentalpsychologie, Wilhelm Wundt und William James, beschäftigten sich intensiv mit der Psychologie der Religion, mit den (zumindest subjektiv realen!) »varieties of religious experience« – ähnlich wie ja auch die großen Begründer der modernen Soziologie, Max Weber und Emile Durkheim. Spätere Psychologen, Psychotherapeuten und Psychiater kamen der Religion gegenüber in Verlegenheit, weil ihr an den Naturwissenschaften erarbeitetes Erkenntnis-Instrumentarium für die Anwendung auf religiöse Phänomene wenig geeignet war.

In unseren Tagen – ich will ja kein Zerrbild der Psychiatrie im Geist einer theologisch motivierten »Anti-Psychiatrie« zeichnen – hat man begonnen, bei der *exklusiven Anwendung der naturwissenschaftlichen Denkweise auf die Humanwissenschaften* Gewinn und Verlust genauer zu unterscheiden. Erkennt man doch deutlicher, daß alles Messen, Experimentieren und Extrapolieren der hochentwickelten Verhaltenswissenschaften, so ungeheuer wichtig es ist, auf einem Vorverständnis von menschlicher Wirklichkeit beruht, das nur bestimmte Aspekte und Dimensionen wiedergibt. Jedenfalls: Die uralten und immer wieder neuen Fragen nach dem Sinn menschlichen Lebens und Handelns, nach den Maßstäben menschlichen Verhaltens und nach der Werteskala des Individuums und der Gesellschaft sind, wir sahen es, alles andere als überflüssig geworden. Empirische und humanistische Theorien und Methoden sollten deshalb mehr verbunden werden, besonders wenn man bedenkt, daß – wie Rollo May formulierte – »unsere Wissenschaft manche Werte zwar testen kann, daß der *Inhalt* dieser Werte jedoch nicht von ihr stammt«[32]. Mehr und mehr Psychiater beginnen zu begreifen, daß sie ihren psychotischen Patienten etwa mit Psychopharmaka kurzfristig helfen können, aber die wahre Natur der Konflikte und Reduktionen des postmodernen Menschen damit keineswegs aufdecken.

Religionsoffene Therapien heute

Es ist eine ganz und gar erfreuliche Feststellung: Die früher so scharfen Grenzen zwischen den verschiedenen Schulen haben sich heute vielfach verwischt; man spricht unter Psychiatern von einer Minderung der Schulrivalitäten und des Sektensyndroms. Das heißt: Korrekturen und Ergänzungen durch andere Heilmethoden sind gängig geworden. Neben der *tiefenpsychologischen Therapie* und der *Verhaltenstherapie* hat sich – unter der Ägide Abraham Maslows, Charlotte Bühlers, Carl Rogers' – als »dritte Kraft« die *humanistische Therapie*[33] etabliert. Die Einseitigkeiten der anderen beiden Methoden – vor allem den rückwärts gerichteten Pessimismus der Psychoanalyse und den atomistischen Reduktionismus des Behaviorismus – sucht man immer mehr zu vermeiden: indem man sich auf das Erleben des ganzen, unreduzierten Menschen, auf das spezifisch Menschliche, auch auf die positiven Kräfte, auf Sinnhaftigkeit und Würde konzentriert. Ob hier – ohne alle Parteigängerei – nicht auch recht unorthodoxe Repräsentanten heutiger Psychotherapie zu beachten wären wie etwa Ruth Cohn, Karlfried Graf Dürckheim oder Leopold Szondi, der nicht nur den Unterschied zwischen Glauben und Wahn, sondern auch Glaubensfähigkeit und Glaubensstörung scharfsinnig analysiert hat?

Vor diesem Gesamthorizont, scheint mir, sollten jene *neueren Entwicklungen im psychotherapeutischen Bereich*, die der Religiosität eine positive Funktion zuschreiben, auch in der akademischen Psychiatrie nicht nur als periphere Phänomene, sondern als für unsere Zeit symptomatische Erscheinungen verstanden und ernst genommen werden. Folgende Bestrebungen scheinen mir im Blick auf eine anzustrebende umfassende Theorie und Therapie, die Befunde aus verschiedenen Methoden zu integrieren versucht, wichtig zu sein:

1. Seit Jahrzehnten arbeiten Tausende von *Selbsthilfegruppen* wie die Anonymen Alkoholiker (AA)[34], indirekt angeregt im übrigen von C. G. Jung, aber auch Gamblers Anonymous (GA), Overeater Anonymous (OA) oder Emotions Anonymous (EA) meist mit Erfolg an schwerwiegenden psychischen Störungen, die sich mit konventionellen Therapien kaum behandeln lassen. Die Konzepte vieler Gruppen basieren auf der Überzeugung, daß diese Menschen ihre Lebenssituation nicht mehr allein bewältigen können, daß es aber hilfreich für sie ist, »außerhalb« ihrer selbst eine göttliche Macht anzuerkennen, die größer ist als sie selber (wie immer vom einzelnen verstanden), die neues Vertrauen und Mut zur furchtlosen Lebens-Bestandsaufnahme gibt, Mut, um Hilfe zur Selbsthilfe zu bitten, um Vergebung von Schuld.

2. Die *Mutual-Need-Therapie* Jesse Lairs[35] ist der Versuch, die Dynamik des »Zwölf-Stufen-Behandlungsprogramms« der Anonymen Alkoholiker auf *Nicht-Süchtige* anzuwenden, um auch bei ihnen neben der physikalisch-körperlichen und der intellektuell-mentalen die geistig-spirituelle Dimension (z. B.

durch Gebet und Meditation) mit einzubeziehen, um so grundlegende Einstellungsänderungen und eine Umgestaltung der Persönlichkeit zu erreichen.

3. Die ebenfalls von den Anonymen Alkoholikern inspirierten *Integritätsgruppen* O. Hobart Mowrers[36] arbeiten unter der Grundvoraussetzung, daß die in unserer modernen Industriegesellschaft so weit verbreiteten Symptome wie Angst, Schuldgefühle, Selbstentfremdung als durchaus adäquate Reaktionen auf die Zerstörung persönlicher Integrität (Unehrlichkeit, mangelndes Verantwortungsbewußtsein, Versagen in zwischenmenschlichen Beziehungen) anzusehen sind; daß es sich weniger um Emotionen als um Verhalten handelt, weniger um Neurosen als um »Soziosen«, die charakterisiert sind nicht durch »Übersozialisierung«, wie Freuds Theorie vom Über-Ich voraussetzt, sondern durch »Unter-Sozialisierung«, die eine Identitätskrise zur Folge haben muß. Diesen Menschen kann beim weitgehenden Versagen von Familie, Gemeinde, Schule und Kirche, wie Mowrer meint, durch Kleingruppengemeinschaften geholfen werden, in denen der Gruppenteilnehmer sich in angstfreier Begegnung und Auseinandersetzung mit anderen in Ehrlichkeit, Verantwortung und Anteilnahme einüben und über das Gespräch hinaus zu offener und ehrlicher Interaktion mit seinen Mitmenschen kommen kann und dadurch zur Entwicklung eines Gefühls für Integrität und Identität, Sorge um andere und Gemeinschaft.

4. Was in allen diesen Gruppen mittels diagnostischer und therapeutischer Methoden eher implizit angesprochen wird, stellt die von Adrian van Kaam[37] entwickelte *Transzendenztherapie* ausdrücklich in den Mittelpunkt. Ihm geht es nicht um die Behandlung schwerer neurotischer oder psychotischer Störungen, sondern um jene – in verschiedenen Lebensphasen gegebene – Problematik, die ein Transzendieren des bisherigen Lebensstiles zugunsten einer neuen Lebensform erfordert: um Trennungs-, Richtungs-, Kontinuitäts-, Entscheidungskrisen oder Krisen der Lebensideale wie etwa in der Mid-

life Crisis. Mit hochreflektierten Methoden werden in diesem Therapieansatz, im Gegensatz zu manchen anderen Therapieformen, auch verdrängte geistige, religiöse (oder humanistische) Traditionen berücksichtigt; »kulturell verursachter Ärger« soll abgebaut werden, so daß es zu einer Neuerschließung traditioneller Quellen und Formen (nicht zuletzt durch klug eingesetzte »Lesetherapie« anhand klassischer oder moderner spiritueller Texte) kommen kann.

Man könnte hier weiterfahren und auch – gewiß noch nicht ausgereifte – Überlegungen einbeziehen, die manche Autoren im Anschluß an Abraham Maslow von einer »transpersonalen Psychologie und -therapie«[38] reden lassen: Unter dem Einfluß fernöstlicher Methoden oder meditativer Selbsterfahrung wird sogar eine Erweiterung des Bewußtseins über die Grenzen des Ego und der Persönlichkeit hinaus angenommen, um so zu einem Optimum an psychischer Gesundheit zu gelangen.

Doch halten wir hier ein – welcher Grundgedanke hat unseren Reflexionsweg bestimmt? Ich antworte zusammenfassend: Statt der Verdrängung die gegenseitige Herausforderung von Religion und Psychiatrie.

6. Konsequenzen für eine humane Therapie

Wir haben in Auseinandersetzung mit Freud anerkannt, welch unverzichtbare Aufklärungsarbeit der Psychiatrie für Verzerrungen und Verwerfungen, neurotische Deformationen und pathologische Defizite im Raum von Theologie, Kirche, Christentum zukommt.

Keine Verdrängung von Psychiatrie oder Religion

Theologen und Hierarchen vor allem haben oft genug das Interesse der Psychiatrie für ihre Arbeit ignoriert, beiseite geschoben oder apologetisch abgewehrt zur Immunisierung von »Gläubigen« und »Gutgläubigen«: *Verdrängung der Psychiatrie* als Folge des ängstlichen Selbstschutzes vor Beunruhigung »von außen«. Und doch ist unübersehbar, wie intensiv nach 1945 manche Theologen und Pastoralpsychologen die Herausforderung der Psychiatrie erkannt und die analytischen Instrumentarien zur religiös-theologischen Erhellung rezipiert haben.

Diesem Verdrängungsprozeß auf seiten der Religion korrespondierte – so meine These – im Raum der Psychiatrie ein ebenso schwerwiegender wie tiefgreifender Verdrängungsprozeß: die *Verdrängung der Religion* aus der psychiatrischen Theorie und Praxis, wo man zu höchst existentiellen Fragen wie Glaube und Unglaube, Gut und Böse, Freiheit und Liebe, Schuld und Sühne, Sinn und Glück oft so wenig Hilfreiches zu sagen wußte, weil man die »Persönlichkeit« völlig in Prozesse auflöste, den »Geist« als Philosophoumenon verachtete und sich dem Gespräch mit philosophischer Anthropologie und Theologie versagte. Doch als Theologe komme ich heute nicht umhin festzustellen, daß die Diskussionslage innerhalb der Psychiatrie von erfreulichen Wandlungen gekennzeichnet ist. Gerade angesichts der vielzitierten »Krise der Diagnostik« sind Binnenkorrekturen an Vereinseitigungen und Verengungen, Exklusivitäten und Narzißmen – Tiefenpsychologie einerseits, Verhaltenstherapie andererseits – deutlich sichtbar. Der Einfluß einer humanistischen Psychotherapie, die die somatischen, psychischen und sozialen Aspekte gleichzeitig berücksichtigt und in eine umfassende Anthropologie zu integrieren versucht, hat zweifellos ein neues Gesprächsklima zwischen Psychiatrie und Religion erzeugt, neue Grundlagen für eine gemeinsame Arbeit geschaffen. In den neuen Therapieformen und den Tendenzen zu einer mehr ganzheitlichen Betrachtung hat Religion einen durchaus positiven Stellenwert bekommen. An vielen Symptomen in der heutigen Gesellschaft – und die eingangs zitierte »Explosion von Religiosität« ist in diesem Kontext zu sehen – läßt es sich ablesen: *Wiederkehr des Verdrängten, aber in neuer Gestalt*, im Rahmen, scheint mir, eines heraufkommenden neuen, nicht regressiv-mittelalterlichen (wiewohl es dies auch gibt), sondern prospektiv-»postmodernen« Paradigmas von Gesellschaft überhaupt.

Für gegenseitige Herausforderung

Gegenseitige *Herausforderung*: Was erwarten die Theologen von den Psychiatern und Psychotherapeuten, den Ärzten überhaupt? Gewiß nicht, daß sie dem Patienten gegenüber den Seelsorger spielen, höchste Werte und letzte Maßstäbe verkünden, ihm das Wissen um einen absoluten Sinn aufzudrängen versuchen oder sich gar zum Agenten einer bestimmten Religion oder Kirche machen. Nein, um den Erhalt der institutionalisierten Religion als Selbstzweck geht es mir auch als Theologe nicht. Und zwar deshalb nicht, weil es mir in erster Linie um die betroffenen gestörten und verstörten Menschen geht und um die Bedeutung der Religion gerade für sie. Nicht um *Gottes willen*, der das wahrhaftig nicht nötig hat, wohl *aber um des Menschen willen*, damit er psychisch und somatisch gesund bleibt oder wieder gesund wird, plädiere ich gegen die Verdrängung der Religiosität.

– Ich bin deshalb entschieden der Meinung, daß die Fragen der Religion um der Menschen – der kranken wie der gesunden – willen nicht domestiziert und auf ein quasi-illegales Dachkämmerchen-Dasein im großen Gebäude der Psychiatrie und Medizin im allgemeinen beschränkt werden können, sondern daß sie als zentrale Fragen von Psychiatrie, Psychotherapie und auch Psychologie durchgängig einbezogen werden sollten.

– Ich plädiere nicht für eine religiöse Psychotherapie oder eine Psychotherapie nur für Religiöse, sondern für eine Therapie, die – unter anderen spezifisch menschlichen Ausdrucksformen – auch das Phänomen Religion ernst nimmt.

– Ich plädiere für eine Therapie, die nicht bloß die Konfession oder Denomination des Patienten zur Kenntnis nimmt oder seinen orthodoxen Kirchenglauben abfragt.

– Vielmehr plädiere ich für eine Therapie, die im Detail zu explorieren versucht, was die ganz individuelle, oft sehr unorthodoxe und sich im Laufe des Lebens meist stark verändernde »Heart Religion« für den Patienten ist, die »Religion seines Herzens«.

Etwas von dieser unverstellten, persönlichen Lebensphilosophie zu wissen, hält der eingangs zitierte amerikanische Psychotherapeut Edgar Draper psychologisch für eine »via regia«, um den betreffenden Menschen zu verstehen: »Wenn man erfahren kann, welche spezifischen Glaubenssätze oder Religion für eine Person zu einem bestimmten Zeitpunkt ihres Lebens von Bedeutung sind, dann kann man etwas über ihre gegenwärtige Krise, ihre Entwicklungsschwierigkeiten, ihre Charakterstruktur erfahren und kann genaue klinische und psychodynamische Diagnosen machen.«[39]

Nein, für den Patienten kann es nicht gleichgültig sein, ob ein Psychiater oder Mediziner etwas von Religion versteht oder nicht, von echter, gesunder, wahrer Religion selbstverständlich; ob er ein Gespür hat für die spirituellen *Kraftquellen*, die in der Religion aufbewahrt sind; ob er die Patienten an solche – möglicherweise in ihnen verschüttete – Quellen heranführen kann, die dann vielleicht heilender, integrierender, aufbauender sein können als reine Analysen.

In der Tat: Wer aufgrund mangelnder Empfänglichkeit oder Erziehung keine Erfahrung mit Musik hat, wird die heilende oder anregende Kraft von Musik nie richtig einschätzen können; er ist ärmer als andere. Und man darf wohl auch sagen: Wer die Religion nicht kennengelernt hat (sei es aufgrund individualbiographischer Störungen, philosophischer Prämissen oder gesellschaftlicher Vorurteile), wird nie die großen spirituellen Ressourcen kennen, die für das Wohl eines Patienten entscheidend sein können; er ist ärmer als andere, die über Erfahrungen mit Religion im befreienden, heilenden Sinn verfügen.

Damit keine Mißverständnisse entstehen: Ich sage nicht, daß alle Probleme unserer Zeit bereits durch eine neue Religiosität zu lösen sind. Dazu ist mir die ungeheure Komplexität der Situation nur allzu bewußt. Es ist mir klar und ich habe es eingangs deutlich gemacht, daß es viele Probleme in unserer Zeit nur deshalb gibt, weil Menschen gerade die falsche Religiosität haben. Aber ich sehe die Aufgabe des christlichen Theologen gerade darin, Kriterien zur »Scheidung der Geister« beizubringen, das heißt, kritisch die wahre von der falschen Religiosität zu trennen.

Nach welchen Kriterien? Gewiß nach christlichen Kriterien, kann ich hier als christlicher Theologe sagen und habe oft genug vom Christsein gesprochen. Aber – wenn ich es auch für Nichtchristen möglichst umfassend formulieren soll: Wahre Religiosität ist überall dort, wo Religion psychohygienisch oder soziohygienisch (Beispiele: Lateinamerika, Südafrika, Philippinen)

– nicht eine versklavende, sondern eine befreiende,
– nicht eine schädigende, sondern eine heilende,
– nicht eine labilisierende, sondern eine echt stabilisierende Funktion hat,
– wo sie also Grundlage ist für wahre Selbstverwirklichung und zielgerichtete Aufgabenbewältigung im persönlichen wie gesellschaftlichen Bereich.

Ja, ich halte dafür, daß es um des Überlebens der Menschheit willen notwendig sein wird, eine andere, alternative Grundhaltung einzunehmen: eine *wahrhaft humane Grundhaltung*, die der Mensch zwar im Prinzip auch ohne *Religion* (als Atheist oder Agnostiker) – das sei unbestritten – einnehmen, die er jedoch ohne Religion nicht unzweifelhaft, nicht allgemeinverbindlich, nicht unbedingt begründen kann.

Aufgabe des Theologen, nein, im Grunde jedes religiösen

Menschen ist es, gegen alle pathologischen Verzerrungen der Religion für echte, gesunde, wahre Religiosität und Religion zu arbeiten, konkret für eine Religion,

– die ohne Regression die Annahme seiner selbst fördert;
– die mit ihren Symbolen, Überzeugungen und Riten der Individuation des Menschen dienen kann;
– die gerade für unsere junge Generation wieder geistige Orientierung über den Tag hinaus und unbedingte ethische Maßstäbe anbieten kann;
– die bei aller Einsicht in die Grenzen von Willensfreiheit und Schuldfähigkeit Freiheit zur Entscheidung und durch alle Lernprozesse und Verhaltensweisen hindurch Identität und Würde gewährleistet;
– die Ängste zu überwinden und Vertrauen, Verständnis und Respekt, Grundlage für Freundschaft und Liebe, zu begründen vermag;
– die durch Förderung und Steuerung von Sensitivität und Emotionalität zur Kreativität, zur Bewußtseinserweiterung und zum Engagement, zu mehr Menschlichkeit unter den Menschen, zu wahrer Humanität verhilft.

Postscriptum: Über eine empirische Studie zur Sache

Erst nach dem Washingtoner Vortrag wurde ich auf einen eben erschienenen wichtigen Beitrag des American Journal of Psychiatry (März 1986, S. 329–334) aufmerksam, den ich als eine Bekräftigung meiner eigenen Thesen werten kann. Fünf amerikanische Psychiater (D. B. Larson, E. M. Pattison, D. G. Blazer, A. R. Omran und B. H. Kaplan) haben vier repräsentative psychiatrische Zeitschriften der USA, Kanadas und Großbritanniens aus den Jahren 1978–1982 daraufhin systematisch untersucht, welche Rolle Religion in ihnen spielt. Ihre interessanten Beobachtungen seien in ihren Grundzügen so zusammengefaßt:

1. Es gibt eine deutliche *Diskrepanz* zwischen religiösen Überzeugungen auf seiten von *Psychiatern* und *Psychologen* und denen der *Allgemeinheit*. Nach empirischen Erhebungen glauben in den USA (seit 1944 kaum wesentlich verändert!) 90 % der Befragten an Gott, nehmen 40 % an einem Gottesdienst einmal oder öfter teil und halten 20 % Religion für sehr wichtig in ihrem Leben. Dem steht gegenüber, daß nur 43 % der Mitglieder der American Psychiatric Association an Gott glauben und von den Mitgliedern der American Psychological Association gar nur 20 %.

2. Die negative Einstellung vieler Psychiater stammt aus dem psychoanalytischen Bereich und setzt *Freuds Religionstheorie* voraus, wiewohl diese mittlerweile als »unpräzise und begrifflich reduktiv« kritisiert worden ist.

3. Ein Großteil der klinischen psychiatrischen Literatur hat

sich auf die *psychopathologische und neurotische Ausübung* von Religion unter psychiatrischen Patienten konzentriert.

4. Im Vergleich zur Gesamtbevölkerung kennzeichnet eine substantielle Zahl von Psychotherapeuten das sogenannte *»religiöse Apostasie«-Modell.* Religiöse Apostaten sind solche, die in religiösen Elternhäusern aufgewachsen sind und nun bekennen, daß sie atheistisch oder agnostisch oder ohne Glauben seien. Von über 3000 Professionellen der Seelenheilkunde wurden 900 (= 29 %) Apostaten. Die höchste Apostasie-Rate (40 %) weisen dabei die Psychoanalytiker auf, im Vergleich zu 26 % bei nichtpsychoanalytischen Psychiatern, klinischen Psychologen und psychiatrischen Sozialarbeitern.

5. Dies alles heißt: Es gibt eine generelle Diskrepanz in der Wahrnehmung von Religion zwischen den beiden »Bevölkerungen«: Die generelle Öffentlichkeit scheint Religion als einen bedeutsamen Faktor in ihrem Leben anzusehen und einzuschätzen, während Professionelle der Seelenheilkunde dies im allgemeinen nicht tun. Für die Öffentlichkeit sind Seelenheilkundige in Sachen Religion unwissend oder in bezug auf ihr eigenes Leben ablehnend, während viele Psychiater die religiöse Öffentlichkeit als naiv, neurotisch oder ungebildet ansehen. Beide Bevölkerungsgruppen haben also *verschiedene Verstehensvoraussetzungen* bezüglich Religion und weisen *inadäquate oder verzerrte Informationen* über das religiöse Wissen der je anderen Gruppe auf.

6. Die *Qualität* der Artikel in den überprüften psychiatrischen Fachzeitschriften ließ sehr zu wünschen übrig. Auffällig war bei den meisten Arbeiten nicht nur die niedrige Rate quantitativer Studien mit wenigstens einer religiösen Variablen und die inadäquate Begrifflichkeit psychiatrischer Erforschung der Religion, sondern auch die Ignoranz in bezug auf die gegenwärtige Forschung in Sachen Religion. Ein ernüchterndes Ergebnis ist es, daß die neuesten psychiatrischen Forschungen über Religion nicht auf dem Niveau vergleichbarer Untersuchungen in anderen Verhaltenswissenschaften (Psychologie,

Soziologie) sind. Quantitative psychiatrische Forschung, die sich mit Religiosität beschäftigt, hat im Vergleich zu anderen Verhaltenswissenschaften eine relativ niedrige Häufigkeitsrate, benutzt für Religion methodologisch inadäquate Instrumente und weist keinen angemessenen Gebrauch gegenwärtiger begrifflicher Ansätze in religionswissenschaftlicher Forschung auf.

7. Die persönliche Einschätzung der Religion durch Psychiater kann ihre Wissensbasis substantiell berühren. Denn wenn Psychiater Religion persönlich nicht schätzen, könnten sie daraus schließen, die Kenntnis von Religion im allgemeinen und die Kenntnis von Religion bei ihren Patienten im besonderen sei irrelevant. Nach Einschätzung der Autoren aber wird der klinischen Praxis der Psychiatrie durch die gegenwärtigen Inadäquatheiten der psychiatrischen Literatur ein schlechter Dienst erwiesen. Psychiater ohne religiöse Überzeugungen oder in ihrem Glauben eher ambivalent könnten, wenn sie diese psychiatrische Literatur verfolgen, in ihrer Überzeugung bestärkt werden, Wissen über Religion sei irrelevant. Sie könnten deshalb die religiöse Dynamik im Leben ihrer Patienten mißverstehen, ob diese nun gesund oder ungesund sei. Die Autoren schließen mit einem Zitat aus dem »Chronicle of Higher Education«, dem man sich nur anschließen kann: »Das akademische Studium der Religion ist nicht die Praxis der Religion... Religion hat es immer gegeben, Religion, die unser Selbstverständnis, unsere Werte und unser öffentliches Leben prägt. Sie wird immer da sein. Die Frage ist, ob wir verletzbar bleiben wollen hinsichtlich ihres Mißbrauchs oder ob wir ein fundamentales Wissen und Fähigkeiten erwerben wollen, mit ihr richtig umzugehen.«

Anmerkungen zu Teil A

(Die Anmerkungen sind jeweils nach Kapiteln geordnet.)

1. *Der psychoanalytische Atheismus*

1 *L. Feuerbach,* Die Naturwissenschaft und die Revolution (1850), in: Werke in sechs Bänden, hrsg. von *E. Thies,* bisher Bd. I–IV (Frankfurt 1975f.) IV, 243–265. Zit. 253f.

2 *L. Feuerbach,* aaO S. 249f.

3 *R. Wagner,* Menschenschöpfung und Seelensubstanz. Ein anthropologischer Vortrag, gehalten in der ersten öffentlichen Sitzung der 31. Versammlung deutscher Naturforscher und Ärzte zu Göttingen am 18. September 1854 (Göttingen 1854); vgl. auch *ders.,* Über Wissen und Glauben mit besonderer Beziehung auf die Zukunft der Seelen (Göttingen 1854).

4 *C. Vogt,* Köhlerglaube und Wissenschaft (Gießen 1854).

5 *J. Moleschott,* Der Kreislauf des Lebens. Physiologische Antworten auf Liebigs Chemische Briefe (Mainz 1852).

6 *L. Büchner,* Kraft und Stoff. Empirisch-naturphilosophische Studien (Leipzig 1855).

7 Wir halten uns im allgemeinen an *S. Freud,* Studienausgabe, hrsg. von *A. Mitscherlich – A. Richards – J. Strachey,* Bd. I–X (Frankfurt 1969–1975). Dort nicht enthaltene Texte werden zitiert nach *S. Freud,* Gesammelte Werke. Chronologisch geordnet, hrsg. von *A. Freud* u. a., Bd. I–XVIII (Frankfurt 1960–68). Für Freuds Biographie ist grundlegend seine eigene »Selbstdarstellung«, in: Gesammelte Werke XIV, 31–96. Dazu *ders.,* Nachschrift 1935 (zur »Selbstdarstellung«), in: Gesammelte Werke XVI, 29–34.

8 *L. Feuerbach,* Über Spiritualismus und Materialismus, besonders in Beziehung auf die Willensfreiheit, in: Sämtliche Werke (Leipzig 1846–1866) Bd. X, S. 37–204. Zit. X, 119.

9 *E. Jones,* The Life and Work of Sigmund Freud (London 1954–1955), dt.: Das Leben und Werk von Sigmund Freud, Bd. I–III (Bern – Stuttgart 1960–1962); Zit. I, 39; vgl. III, 408f.

Zur neuesten *psychologisch-theologischen Auseinandersetzung mit S. Freud* vgl. folgende Monographien: *W. G. Cole,* Sex in Christianity and Psychoanalysis (London 1956), dt.: Sexualität in Christentum und Psychoanalyse. Vergleich und Orientierung (München 1969); *J. Scharfenberg,* S. Freud und seine Religionskritik als Herausforderung für den christlichen Glauben (Göttingen 1968, ²1970); *ders.,* Religion zwischen Wahn und Wirklichkeit. Gesammelte Beiträge zur Korrelation von Theologie und Psychoanalyse (Hamburg 1972); *A. Plé,* Freud et la religion (Paris 1968), dt.: Freud und die Religion. Eine kritische Bestandsaufnahme für die Diskussion der Zeit (Wien 1969); *P. Homans,* Theology after Freud. An Interpretative Inquiry (New York 1970).
Als Sammelwerke sind aufschlußreich: *P. Homans* (Hrsg.), The Dialogue Between Theology and Psychology (Chicago 1968); *H. Zahrnt* (Hrsg.), Jesus und Freud. Ein Symposion von Psychoanalytikern und Theologen (München 1972) mit Beiträgen der Psychoanalytiker *T. Brocher, A. Görres, M. Hirsch, E. Wiesenhütter* und der Theologen *H. Fries* und *J. Scharfenberg.* Besonders informativ der Sammelband mit Aufsätzen von Autoren aus den verschiedenen Phasen unseres Jahrhunderts, der herausgegeben ist von *E. Nase – J. Scharfenberg,* Psychoanalyse und Religion (Darmstadt 1977). Hier auch auf S. 387–435 die zur Zeit wohl neueste und umfassendste Bibliographie zum Thema Psychoanalyse und Religion, zusammengestellt von *E. Nase.* Überblicke über die Diskussion: *K. Birk,* Sigmund Freud und die Religion (Münsterschwarzach 1970); *E. Wiesenhütter,* Freud und seine Kritiker (Darmstadt 1974).
Als neuere hilfreiche Interpretationen des Freudschen Denkens sind zu nennen: *P. Ricœur,* De l'interprétation. Essai sur Freud (Paris 1964), dt.: Die Interpretation. Ein Versuche über Freud (Frankfurt 1969); *W. Loch,* Zur Theorie, Technik und Therapie der Psychoanalyse (Frankfurt 1972); *A. Mitscherlich,* Der Kampf um die Erinnerung. Psychoanalyse für fortgeschrittene Anfänger (München 1975).

10 *E. Jones,* Leben und Werk Freuds I, 38; vgl. weiter Bd. I, Kap. 2: Kindheit und Jugend, sowie Bd. III, Kap. 13: Religion.

11 Zit. bei *E. Jones,* Leben und Werk Freuds I, 38 f.

12 *E. Jones,* Leben und Werk Freuds I, 39.

13 *S. Freud,* Die Traumdeutung, in: Studienausgabe II, 215.

14 *S. Freud,* »Selbstdarstellung«, in: Schriften zur Geschichte der Psychoanalyse, hrsg. von *I. Grubrich-Simitis* (Frankfurt 1971) S. 40. Dieser Satz fehlt noch in der ersten Fassung der »Selbstdarstellung«

von 1925 (=Gesammelte Werke XIV, 34) und wurde 1935 hinzugefügt.
15 *E. Jones*, Leben und Werk Freuds I, 202.
16 Vgl. *E. Wiesenhütter*, Freud und seine Kritiker, S. 31–35.
17 *S. Freud*, Eine Kindheitserinnerung aus »Dichtung und Wahrheit«, in: Gesammelte Werke XII, 26.
18 *S. Freud*, Aus den Anfängen der Psychoanalyse, hrsg. von *M. Bonaparte – A. Freud – E. Kris* (London 1950) S. 236.
19 *S. Freud*, Zwangshandlungen und Religionsübungen (1907), in: Studienausgabe VII, 11–21.
20 AaO VII, 21.
21 *S. Freud*, Die Traumdeutung, in: Studienausgabe II, 208.
22 *S. Freud*, »Selbstdarstellung«, in: Gesammelte Werke XIV, 34.
23 *S. Freud*, Nachwort zur »Frage der Laienanalyse«, in: Gesammelte Werke XIV, 290.
24 Ebd.
25 *S. Freud*, »Selbstdarstellung«, in: Gesammelte Werke XIV, 35.
26 *S. Freud*, Brief an seine Braut Martha Bernays. Zit. bei *E. Jones*, aaO I, 62.
27 Zit. nach *E. Jones*, Leben und Werk Freuds I, 61 f.
28 *S. Freud*, Psycho-Analysis, in: Gesammelte Werke XIV, 301.
29 *S. Freud*, Klinische Studie über die halbseitige Cerebrallähmung von Kindern (1891), in: Beiträge zur Kinderheilkunde, hrsg. von *M. Kassowitz*, Heft III (Wien 1891).
30 Vgl. *E. Jones*, Leben und Werk Freuds I, 176. 380.
31 *S. Freud – J. Breuer*, Studien über Hysterie (1895), in: Gesammelte Werke I, 75–312.
32 *S. Freud*, Entwurf einer Psychologie (1895), erstmals veröffentlicht 1950 in: Aus den Anfängen der Psychoanalyse (London 1950) S. 371–466. Vgl. *W. Salber*, Entwicklungen der Psychologie Freuds, Bd. I (Bonn 1973), bes. S. 106–133.
33 *S. Freud*, »Selbstdarstellung«, in: Gesammelte Werke XIV, 86.
34 *G. Th. Fechner*, Elemente der Psychophysik, Bd. I–II (Leipzig 1860).
35 *S. Freud*, Die Zukunft einer Illusion, in: Studienausgabe IX, 135 bis 189; Zit. S. 164.
36 *S. Freud*, Entwurf einer Psychologie, in: Aus den Anfängen der Psychoanalyse S. 424.
37 *S. Freud*, Die Traumdeutung (1900), in: Studienausgabe II.
38 Vgl. *E. Jones*, Leben und Werk Freuds I, 378–382.
39 *S. Freud*, Drei Abhandlungen zur Sexualtheorie (1905), in: Studienausgabe V, 37–145.

40 Vgl. *S. Freud,* Vorlesungen zur Einführung in die Psychoanalyse (1916–17), in: Studienausgabe I, 33–445.
41 *S. Freud,* Neue Folge der Vorlesungen zur Einführung in die Psychoanalyse (1933), in: Studienausgabe I, 446–608.
42 *S. Freud,* »Selbstdarstellung«, in: Gesammelte Werke XIV, 34.
43 *H. Spencer,* The Principles of Psychology (London 1855); *ders.,* First Principles (London 1862) als Bd. 1 von »A System of Synthetic Philosophy«.
44 *E. B. Tylor,* Primitive Culture. Researches into the Development of Mythology, Philosophy, Religion, Art, and Custom, Bd. I–II (London 1871).
45 *W. Wundt,* Völkerpsychologie. Eine Untersuchung der Entwicklungsgesetze von Sprache, Mythus und Sitte, Bd. I–II (Leipzig 1905–1909). Bd. II: Mythus und Religion.
46 *R. R. Marett,* The Threshold of Religion (London 1909, ^{2}1914).
47 *W. Robertson Smith,* Lectures on the Religion of the Semites (Edinburgh 1898).
48 *W. Mannhardt,* Der Baumkultus der Germanen und ihrer Nachbarstämme (Berlin 1875); *ders.,* Antike Wald- und Feldkulte aus nordeuropäischer Überlieferung (Berlin 1877).
49 *J. G. Frazer,* The Golden Bough. A Study in Comparative Religion, Bd. I–II (London 1890); *ders.,* Totemism and Exogamy. A Treatise on Certain Early Forms of Superstition and Society, Bd. I–IV (London 1910).
50 *C. G. Jung,* Wandlungen und Symbole der Libido (Wien 1912); vierte, umgearbeitete Auflage unter dem Titel: Symbole der Wandlung (1952) = Gesammelte Werke Bd. 5 (Zürich–Stuttgart 1973).
51 *S. Freud,* Totem und Tabu. Einige Übereinstimmungen im Seelenleben der Wilden und Neurotiker (1912–13), in: Studienausgabe IX, 287–444.
52 AaO IX, 363.
53 Zit. bei *E. Jones,* Leben und Werk Freuds II, 414f.
54 *S. Freud,* »Selbstdarstellung«, in: Gesammelte Werke XIV, 93f.
55 AaO XIV, 94.
56 *S. Freud,* Der Mann Moses und die monotheistische Religion, in: Studienausgabe IX, 580.
57 *S. Freud,* Eine Kindheitserinnerung des Leonardo da Vinci, in: Studienausgabe X, 146. Vgl. *ders.,* Totem und Tabu, in: Studienausgabe IX, 430f.
58 *S. Freud,* Nachschrift 1935 (zur »Selbstdarstellung«), in: Gesammelte Werke XVI, 32.

59 *S. Freud,* Das Unbehagen in der Kultur (1930), in: Studienausgabe IX, 191–270.
60 *S. Freud,* Der Mann Moses und die monotheistische Religion. Drei Abhandlungen (1939), in: Studienausgabe IX, 455–581.
61 *S. Freud,* Neue Folge der Vorlesungen zur Einführung in die Psychoanalyse (1933), in: Studienausgabe I, 447–608 (bes. Vorlesung 35: Über eine Weltanschauung).
62 *S. Freud,* Die Zukunft einer Illusion, in: Studienausgabe IX, 159.
63 AaO IX, 161.
64 AaO IX, 164.
65 *S. Freud,* Brief an W. Fließ vom 12. 12. 97, in: Aus den Anfängen der Psychoanalyse S. 252.
66 AaO IX, 164.
67 AaO IX, 151 f.
68 AaO IX, 167.
69 Ebd.
70 AaO IX, 172.
71 AaO IX, 183.
72 AaO IX, 188.
73 AaO IX, 189. Vgl. auch die Ausführungen Freuds in »Das Unbehagen in der Kultur«, in: Studienausgabe IX, 206.
74 *S. Freud,* Neue Folge der Vorlesungen zur Einführung in die Psychoanalyse, in: Studienausgabe I, 608.
75 AaO I, 588.
76 AaO I, 588 f.
77 AaO I, 589.
78 AaO I, 595.
79 AaO I, 608.

2. *Freud in der Kritik*

1 *S. Freud,* Die Zukunft einer Illusion, in: Studienausgabe IX, 170.
2 AaO IX, 170 f.
3 *A. Adler,* Zur Kritik der Freudschen Sexualtheorie des Seelenlebens (1911), in: *A. Adler – C. Furtmüller,* Heilen und Bilden. Ein Buch der Erziehungskunst für Ärzte und Pädagogen. Neu hrsg. von *W. Metzger* (Frankfurt 1973) S. 94–113.
4 *A. Adler,* Über den nervösen Charakter. Grundzüge einer vergleichenden Individual-Psychologie und Psychotherapie (Wiesbaden 1912, ⁴1928 = Neudruck Frankfurt 1972).
5 *A. Adler,* Studie über Minderwertigkeit von Organen (Wien ²1907).

6 Vgl. *A. Adler,* Über den nervösen Charakter (Neudruck Frankfurt 1972) S. 38–57.

7 Vgl. auch *A. Adler,* Menschenkenntnis (1927; Neudruck Frankfurt 1966), wie auch *Adlers* »Vorträge zur Einführung in die Psychotherapie für Ärzte, Psychologen und Lehrer« unter dem Titel »Praxis und Theorie der Individualpsychologie« (1930, Neudruck Darmstadt 1965).

8 Vgl. *C. G. Jung,* Über die Psychologie der Dementia praecox. Ein Versuch (1907), jetzt mit demselben Titel als »Frühe Schriften II« in der Studienausgabe (Olten 1972). Vgl. dort auch »Frühe Schriften I« (»Psychiatrie und Okkultismus«, bes. Jungs Dissertation über okkulte Phänomene) und »Frühe Schriften III« (»Zur Psychoanalyse«).

9 *C. G. Jung,* Wandlungen und Symbole der Libido (Wien 1912); vierte, umgearbeitete Auflage unter dem Titel: Symbole der Wandlung (1952) = Gesammelte Werke Bd. 5 (Zürich–Stuttgart 1973).

10 *C. G. Jung,* Psychologische Typen (1920), 9., revidierte Auflage = Gesammelte Werke Bd. 6 (Zürich–Stuttgart 1960).

11 Vgl. *R. Wollheim,* Sigmund Freud (London 1971), dt.: Sigmund Freud (München 1972), Kap. 7: Die letzte Phase (S. 155–191).

12 *A. Adler,* Religion und Individualpsychologie, in: *A. Adler – E. Jahn,* Religion und Individualpsychologie. Eine prinzipielle Auseinandersetzung über Menschenführung (1933, Neudruck Frankfurt 1975) S. 68–98; Zit. S. 70. Vgl. auch *A. Adler,* Der Sinn des Lebens (1933, Neudruck Frankfurt 1973), bes. das Schlußkapitel 15.

13 *A. Adler,* Der Sinn des Lebens S. 69.

14 AaO S. 73.

15 AaO S. 98.

16 AaO S. 70.

17 Ebd.

18 *E. Jahn,* Epilog, in: *A. Adler – E. Jahn,* Religion und Individualpsychologie S. 99.

19 *A. Adler,* Der Sinn des Lebens S. 70.

20 Ebd.

21 *E. Jahn,* Epilog, in: *A. Adler – E. Jahn,* Religion und Individualpsychologie S. 100.

22 *C. G. Jung,* Psychoanalyse und Seelsorge (1928/29), in: Psychologie und Religion (Studienausgabe Olten 1971) S. 155–161; Zit. S. 156.

23 AaO S. 160.

24 Vgl. bes. die Studie von *C. G. Jung,* Das Wandlungssymbol in der Messe (1940/41), in: Psychologie und Religion (Studienausgabe Olten 1971) S. 163–267.

25 *C. G. Jung,* Psychologie und Religion (1939), in: Psychologie und Religion (Studienausgabe Olten 1971) S. 11–127; Zit. S. 12.
26 *E. Fromm,* Psychoanalysis and Religion (1950); dt: Psychoanalyse und Religion (Zürich 1966) S. 24.
27 *C. G. Jung,* Das Wandlungssymbol in der Messe, in: Psychologie und Religion S. 267.
28 *C. G. Jung,* Briefe. Hrsg. von *A. Jaffé* in Zusammenarbeit mit G. Adler, Bd. I–III (Olten – Freiburg 1973) III, 322f.
29 *E. Durkheim,* Les formes élémentaires de la vie religieuse. Le système totémique en Australie (Paris 1912, [5]1968).
30 *A. Lang,* The Making of Religion (London 1898); *ders.,* Magic and Religion (London 1901).
31 *W. Schmidt,* Der Ursprung der Gottesidee, Bd. I–XII (Münster 1912 bis 1955).
32 *A. E. Jensen,* Mythos und Kult bei Naturvölkern. Religionswissenschaftliche Betrachtungen (Wiesbaden 1951).
33 *M. Dhavamony,* Phenomenology of Religion (Rom 1973) S. 49.
34 Zu diesen Gemeinsamkeiten vgl. *V. Grønbech – J. Prytz Johansen,* Primitive Religion I–II, in: Handbuch der Religionsgeschichte, hrsg. von *J. P. Asmussen* und *J. Laessøe* in Verbindung mit C. Colpe, Bd. 1 (Göttingen 1971) S. 11–151.
35 Vgl. *R. Benedict,* Patterns of Culture (1934, Neudr. New York 1948).
36 Vgl. *B. Malinowski,* Magic, Science and Religion. And Other Essays (New York 1948), dt.: Magie, Wissenschaft und Religion. Und andere Schriften (Frankfurt 1973).
37 *B. Malinowski,* Magie, Wissenschaft und Religion S. 9.
38 *M. Eliade,* Cultural Fashions and the History of Religions, in: The History of Religions. Essays on the Problem of Understanding, hrsg. von *J. M. Kitagawa* (Chicago – London 1967) S. 21–38; Zit. S. 24.
39 AaO S. 25.
40 *S. Freud,* Die Zukunft einer Illusion, in: Studienausgabe IX, 169.
41 Vgl. *A. Görres,* Alles spricht dafür, nichts Haltbares dagegen. Kritische Reflexionen eines Analytikers über den christlichen Glauben, in: *H. Zahrnt* (Hrsg.), Jesus und Freud. Ein Symposion von Psychoanalytikern und Theologen (München 1972) S. 36–52.
42 *S. Freud,* Die Zukunft einer Illusion, in: Studienausgabe IX, 187.
43 AaO S. 188.
44 Ebd.
45 AaO S. 189.
46 Vgl. *H. Küng,* Existiert Gott? (München 1978) A III, 2: Zwischenbilanz I: Thesen zur neuzeitlichen Rationalität.

47 Vgl. aaO, C I, 2: Christentum am Ende?
48 Vgl. aaO, C II, 2: Zukunft ohne Religion? Verheißung ohne Erfüllung?
49 *G. R. Taylor,* Das Selbstmordprogramm – Zukunft oder Untergang der Menschheit (Frankfurt 1971); *S. Kirban,* Die geplante Verwirrung (Wetzlar 1972); *G. Ehrensvärd,* Nach uns die Steinzeit. Das Ende des technischen Zeitalters (Bern 1972); *D. Widener,* Kein Platz für Menschen. Der programmierte Selbstmord (Frankfurt 1972); *E. E. Snyder,* Todeskandidat Erde. Programmierter Selbstmord durch unkontrollierten Fortschritt (München 1972); *M. Lohmann* (Hrsg.), Gefährdete Zukunft (München 1973); *H. Gruhl,* Ein Planet wird geplündert. Die Schreckensbilanz unserer Politik (Frankfurt 1976).
50 Vgl. in diesem Zusammenhang *S. Freud,* Das Unbehagen in der Kultur (1930), in: Studienausgabe IX, 191–270.
51 *S. Freud,* »Selbstdarstellung«, in: Schriften zur Geschichte der Psychoanalyse, hrsg. von *I. Grubrich-Simitis* (Frankfurt 1971) S. 40.
52 Vgl. *E. Jones,* Leben und Werk Freuds I, 48f., 54, 82, 345, 348, 404, 443; II, 413.
53 *S. Freud,* Brief an W. Fließ vom 1. 1. 1896, in: Aus den Anfängen der Psychoanalyse, S. 152.
54 *S. Freud,* Brief an W. Fließ vom 2. 4. 1896, in: *S. Freud,* Briefe 1873–1939, hrsg. von *E. L. Freud* (Frankfurt 1960) S. 227.
55 *M. Schur,* Freud: Living and Dying (1972), dt.: Sigmund Freud. Leben und Sterben (Frankfurt 1973).
56 *M. Schur,* Sigmund Freud. Leben und Sterben S. 38.
57 AaO S. 126.
58 AaO S. 137.
59 AaO S. 621.

3. Kein Zurück hinter Freud

1 *P. Ricœur,* Der Atheismus der Psychoanalyse Freuds, in: Concilium 2 (1966) 430–435; Zit. 435.
2 *S. Freud,* Die Zukunft einer Illusion, in: Studienausgabe IX, 166.
3 Ebd.
4 AaO IX, 167.
5 AaO IX, 170.
6 Vgl. *H. Küng,* Existiert Gott? (München 1978) A II, 5: Zwischenbilanz I: Für Rationalität.
7 *S. Freud,* Die Zukunft einer Illusion, in: Studienausgabe IX, 162.
8 Ebd.

9 Ebd.
10 Ebd.
11 AaO IX, 163.
12 Vgl. zur Beurteilung *H. Küng*, Christ sein (München 1974) Kap. D I: Die Praxis der Kirche.
13 *H. M. Gauger*, Sprache und Sprechen im Werk Sigmund Freuds, in: Neue Rundschau 85 (1974) 568–590.
14 AaO S. 577.
15 AaO S. 582.
16 Vgl. *P. Ricœur*, Der Atheismus der Psychoanalyse Freuds S. 430.
17 Vgl. *E. Wiesenhütter*, Freud und seine Kritiker (Darmstadt 1974). Hier ein umfassender Überblick über die Kritik an Freud nach vier Gruppierungen: Psychotherapeuten, Psychiater, Geisteswissenschaftler, Theologen. Über die theologischen Reaktionen auf Freud gibt einen guten Überblick *P. Homans*, Theology after Freud. An Interpretative Inquiry (Indianapolis–New York 1970): besondere Kapitel über R. Niebuhr und P. Tillich sowie N. O. Brown, D. Bakan, Ph. Rieff.
18 Vgl. *P. Bjerre*, Psychosynthese (Stuttgart 1971); *A. Maeder*, Psychosynthese – Psychagogik, in: Handbuch der Neurosenlehre und Psychotherapie Bd. III (München–Berlin 1959) S. 391–412.
19 *A. Hoche*, Zentralblatt für die gesamte Neurologie und Psychiatrie 55 (1930) 206.
20 *R. A. Spitz*, La première année de la vie de l'enfant (1959), dt.: Die Entstehung der ersten Objektbeziehungen (Stuttgart ^{3}1973) S. 16.
21 *W. Loch*, Zur Theorie, Technik und Therapie der Psychoanalyse (Frankfurt 1972) S. 142. Meinem Tübinger Kollegen *Wolfgang Loch*, Professor für Psychoanalyse und Psychotherapie, der freundlicherweise das ganze Freud-Kapitel des Buches »Existiert Gott?« durchgesehen hat, danke ich für einzelne fruchtbare Hinweise.
22 *C. G. Jung*, Über die Beziehung der Psychotherapie zur Seelsorge (1932), in: Psychologie und Religion (Studienausgabe Olten 1971) S. 129–152; Zit. S. 139.
23 AaO S. 138.
24 AaO S. 134 (im Originaltext kursiv hervorgehoben).
25 AaO S. 135.
26 AaO S. 142.
27 AaO S. 143.
28 AaO S. 148.
29 Für unsere Thematik grundlegend *E. Fromm*, Psychoanalysis and Religion (1950), dt.: Psychoanalyse und Religion (Zürich 1966). Vgl. aber auch für die spätere Entwicklung der Religionsproblematik bei

Fromm: The Sane Society (1955), dt.: Der moderne Mensch und seine Zukunft. Eine sozialpsychologische Untersuchung (Frankfurt 1960); *ders.*, The Dogma of Christ and Other Essays on Religion, Psychology and Culture (1963), dt.: Das Christusdogma und andere Essays (München 1956); *ders.*, You Shall Be as Gods. A Radical Interpretation of the Old Testament and Its Tradition (1966), dt.: Die Herausforderung Gottes und des Menschen (Zürich 1970).

30 *E. Fromm*, The Crisis of Psychoanalysis. Essays on Freud, Marx and Social Psychology (1970), dt.: Analytische Sozialpsychologie und Gesellschaftstheorie (Frankfurt 1970).

31 *E. Fromm*, Psychoanalyse und Religion, Kap. IV: Der Psychoanalytiker als »Seelenarzt«, S. 79–116.

32 *E. Fromm*, Man for Himself. An Inquiry into the Psychology of Ethics (1947), dt.: Psychoanalyse und Ethik (Zürich 1954).

33 Vgl. *E. Fromm*, Psychoanalyse und Religion, Kap. V: Psychoanalyse als Bedrohung der Religion? S. 117–139.

34 Vgl. aaO S. 133.

35 AaO S. 127.

36 AaO S. 128f.

37 AaO S. 138.

38 *V.E. Frankl*, Der unbewußte Gott. Psychotherapie und Religion (1947; erweitert München 1974). Vgl. S. 45–53, 55. Vgl. des weiteren vom selben Verfasser: Ärztliche Seelsorge. Grundlagen der Logotherapie und Existenzanalyse (1946; 8., durchges. Aufl. Wien 1971); Der Wille zum Sinn (Bern–Stuttgart–Wien 1972).

39 *V. E. Frankl*, Der unbewußte Gott S. 48–50.

40 Das tun, ebenfalls aus der Wiener Schule kommend, *W. Daim*, Umwertung der Psychoanalyse (Wien 1951); *I. A. Caruso*, Psychoanalyse und Synthese der Existenz. Beziehungen zwischen psychologischer Analyse und Daseinswerten (Freiburg 1952). Mehr von Jung her: *J. Rudin*, Psychotherapie und Religion (Olten 1960).

41 *E. H. Erikson*, Childhood and Society (New York 1950), dt.: Kindheit und Gesellschaft (Stuttgart [5]1974); *ders.*, Identity and the Life Cycle (New York 1959), dt.: Identität und Lebenszyklus (Frankfurt 1966); *ders.*, Insight and Responsibility (New York 1964), dt.: Einsicht und Verantwortung. Die Rolle des Ethischen in der Psychoanalyse (Frankfurt 1971); *ders.*, Identity. Youth and Crisis (New York 1968), dt.: Jugend und Krise (Stuttgart 1970).

42 *R. May*, The Meaning of Anxiety (New York 1950); *ders.*, Man's Search for Himself (New York 1953); *ders.*, Love and Will (New York 1969); *ders.*, Power and Innocence (New York 1972).

43 *R. May,* Man's Search for Himself S. 14.
44 AaO S. 24.
45 Ebd.
46 *R. May,* Love and Will S. 26.
47 *E. Wiesenhütter,* Kritik an Freud S. 87; vgl. *ders.,* Therapie der Person (Stuttgart 1969).
48 *S. Freud – O. Pfister,* Briefe 1909–1939 (Frankfurt 1963) S. 33.
49 Vgl. *E. Fromm,* The Anatomy of Human Destructiveness (New York 1973). Appendix: Freud's Theory of Aggressiveness and Destructiveness S. 439–478.
50 *S. Freud,* Das Unbehagen in der Kultur, in: Studienausgabe IX, 239. 268.
51 *S. Freud,* Warum Krieg?, in: Studienausgabe IX, 283.
52 *S. Freud,* Brief an J. J. Putnam vom 8. Juli 1915. Zit. bei *E. Jones,* Leben und Werk Freuds II, 489.
53 Zur Antwort vgl. *H. Küng,* Existiert Gott?

Anmerkungen zu Teil B

1 *K. Winkler,* Seelsorge und Psychotherapie, in: Die Psychologie des 20. Jahrhunderts, Bd. XV: Transzendenz, Imagination und Kreativität, hrsg. von *Gion Condrau* (Zürich 1979) S. 376.

2 Handbuch der Psychologie, Bd. I–XII, hrsg. von *K. Gottschaldt, Ph. Lersch, F. Sander, E. Thomae* (Göttingen 1959–1978).

3 Comprehensive Textbook of Psychiatry, hrsg. von *A. M. Freedman, H. I. Kaplan, B. J. Sadock* (Baltimore ^{2}1976).

4 AaO Bd. II, Kap. 52.1.

5 Handbuch der Psychotherapie (Handbook of Innovative Psychotherapies, New York 1981), hrsg. von *R. J. Corsini* (Weinheim – Basel 1983).

6 Kindlers »Psychologie des 20. Jahrhunderts«, Psychiatrie (München 1980), hrsg. von *U. H. Peters* (Neuausgabe Weinheim – Basel 1983).

7 *E. Draper,* Psychoanalysis and Religion: A Metapsychological Approach to Religious Data, in: Religious Systems and Psychotherapy, hrsg. von *R. Cox* (Springfield/Ill. 1973) S. 371.

8 *G. Hole,* Psychiatrie und Religion, in: Kindlers »Psychologie des 20. Jahrhunderts«, Psychiatrie (München 1980), hrsg. von *U. H. Peters* (Neuausgabe Weinheim – Basel 1983) Bd. II, S. 510.

9 *S. Freud,* Geschichte der psychoanalytischen Bewegung (1914), zit. in: Studienausgabe Bd. III, S. 105; dazu die grundlegenden Beiträge »Die Verdrängung« (1915) und »Das Unbewußte« (1915), aaO S. 103–173.

10 *S. Freud – O. Pfister,* Briefe 1909–1939 (Frankfurt 1963).

11 *E. Draper,* Psychiatry and Pastoral Care (Philadelphia 1965, ^{2}1970) S. 117.

12 *Mircea Eliade,* Cultural Fashions and the History of Religions, in: The History of Religions, Essays on the Problem of Understanding, hrsg. von *J. M. Kitagawa* (Chicago – London 1967) S. 21–38, Zit. S. 24.

13 *S. Freud,* Zukunft einer Illusion, Studienausgabe Bd. IX, S. 167.

14 *S. Freud,* aaO IX, S. 170f.

15 Vgl. *J. vom Scheidt*, Der unbekannte Freud. Neue Interpretationen seiner Träume durch E. H. Erikson, A. Grinstein, H. Politzer, L. Rosenkötter, M. Schur u. a. (München 1974), S. 12, 25 ff., 29 f., 32 f.
16 *S. Freud*, Nachwort zur »Frage der Laienanalyse«, in: Gesammelte Werke XIV, S. 290.
17 *T. Moser*, Gottesvergiftung (Frankfurt/M. 1976).
18 *S. Freud*, Zukunft einer Illusion, Studienausgabe Bd. IX, S. 164.
19 *S. Freud – O. Pfister*, Briefe, S. 33.
20 *S. Freud*, Das Unbehagen in der Kultur, Studienausgabe Bd. IX S. 191–270.
21 *S. Freud*, Warum Krieg?, in: Studienausgabe Bd. IX, S. 283.
22 *H. E. Richter*, Der Gotteskomplex (Reinbek 1979).
23 AaO S. 127–187.
24 AaO S. 228.
25 AaO S. 239.
26 Vgl. auch *H. E. Richter*, Die Chance des Gewissens. Erinnerungen und Assoziationen (Hamburg 1986).
27 *S. Freud*, Brief an J. J. Putnam vom 8. Juli 1915, zit. in: *E. Jones*, Leben und Werk Freuds, Bd. I–III (Bern – Stuttgart 1960–62), Zit. II, 489.
28 *A. Schweitzer*, Die psychiatrische Beurteilung Jesu (1913, Neudruck Tübingen 1933).
29 *H. Heimann*, Religion und Psychiatrie, in: Psychiatrie der Gegenwart, Bd. III, hrsg. von *H. W. Gruhle* (Berlin 1961) S. 481.
30 *H. Heimann*, Prophetie und Geisteskrankheit. Berner Universitätsschriften, Heft 11 (Bern 1956).
31 *G. Hole*, Psychiatrie und Religion, S. 519.
32 *R. May*, Antwort auf die Angst (Stuttgart 1982) S. 231.
33 Einen informativen Überblick über die drei Hauptströmungen in der Psychotherapie bietet *D. Revenstorf*, Psychotherapeutische Verfahren Bd. I–III, Bd. IV behandelt die Gruppen-, Paar- und Familientherapie (Stuttgart – Berlin – Köln – Mainz 1982–85).
34 Vgl. Alcoholics Anonymous, New York 1976; Alcoholics Anonymous Comes of Age, New York 1974.
35 *J. Lair*, Mutual-Need-Therapie, in: Handbuch der Psychotherapie Bd. 1, hrsg. von *R. J. Corsini* (Weinheim – Basel 1983) S. 755–767.
36 Vgl. *A. J. Vattano*, Integritätsgruppen, aaO S. 434–450.
37 *A. van Kaam*, Transzendenztherapie, in: Handbuch der Psychotherapie, S. 1357–1381.
38 *R. N. Walsh, F. Vaugham* (Hrsg.), Beyond Ego (1980) dt.: Psychologie der Wende (Bern – München 1985).
39 *E. Draper*, Psychoanalysis and Religion, S. 373.

Personenregister